BASTEI
LÜBBE

Anne Diamond

Kein Laut mehr aus deiner Wiege

Aus dem Englischen von
Barbara Ritterbach

BASTEI
LÜBBE

BASTEI-LÜBBE-TASCHENBUCH
Band 61385

1. Auflage Februar 1997
2. Auflage März 1997

Deutsche Erstveröffentlichung

Originaltitel: A Gift From Sebastian
Originalverlag: Boxtree Limited, London

Printed in Germany
Einbandgestaltung: Manfred Peters
Titelfoto: tony stone, Tamara Reynolds
Lektorat und Satz: Birgit Kiefer, Dettenhausen
Druck und Bindung: Ebner Ulm
ISBN 3-404-61385-6

Der Preis dieses Bandes versteht sich einschließlich
der gesetzlichen Mehrwertsteuer.

Vorwort

Dr. Stanley Rom nahm unser winziges Baby in seine Hände und schaute ihm in die Augen. Unserem kleinen Jungen, der erst zwei Wochen alt war und der schon so hart um sein Leben kämpfen mußte. Nun ging es ihm so gut, daß er nach Hause zu seinen Brüdern durfte, um endlich ein richtiges Mitglied unserer Familie zu werden. In seinen Augen lag der unschuldige Glanz eines neugeborenen Babys. Vertrauensvoll schmiegte er sich in die kräftigen Medizinerhände, die ihm das Leben gerettet hatten und die ihn jetzt ganz und gar umfingen.

Mike und ich waren erleichtert und glücklich, daß die anstrengenden Wochen auf der Intensivstation vorüber waren. Endlich gehörte er ganz uns, und wir konnten ihn ohne Schläuche, Kabel und Monitore füttern und liebkosen. Ich konnte es kaum erwarten, ihm statt der Klinikkleidung seinen eigenen Strampelanzug anzuziehen und ihn in dieselbe Decke zu hüllen, die auch unsere beiden anderen Söhne gewärmt hatte.

»Unserem Baby geht es gut«, sagte Dr. Rom und lächelte zufrieden. Dann wandte er sich wieder Sebastian zu und hob ihn dicht an sein Gesicht. »Und nun, junger Mann, mach dich auf den Weg und hinterlaß deine Spuren in dieser Welt.«

Tränen traten in meine Augen. Ich war so stolz auf meinen kleinen Jungen. Wie hätte ich damals ahnen können, was mit Sebastian geschehen würde und welche Spuren er tatsächlich in dieser Welt hinterlassen würde?

Wie alle Babys schien er Licht und Wärme zu verbreiten. Er war ein hübsches Kind – natürlich fand ich ihn hübsch, schließlich bin ich ja seine Mutter. Er war intelligent, klug und liebenswürdig. Außerdem wußte Sebastian etwas, wovon wir anderen keine Ahnung hatten. Ich kann es nicht besser beschreiben, weil ich es selbst nicht verstehe.

Einer meiner Freunde verlor seine zehnjährige Tochter durch einen Autounfall. Er sagte später, sie sei immer anders gewesen als die anderen Kinder. Er habe bereits lange vor ihrem Tod den Eindruck gehabt, sie habe einen ›erwachsenen Verstand‹. Sie war ein liebenswertes, fröhliches kleines Mädchen gewesen wie alle anderen, aber sie hatte noch etwas besessen: eine ungewöhnliche Reife. Heute verstehe ich, was er meinte, weil auch Sebastian so war. Meine Familie weiß, daß dies nicht nur sentimentale Erinnerungen sind. Wir haben es alle gespürt. Es war eine besondere geistige Reife.

Eigentlich war es nur eine zufällige Bemerkung gewesen – ich belauschte meine Schwiegermutter dabei, als sie es eines Tages in der Küche zu Mike sagte. Sie hatte Sebastian gerade sein Fläschchen gegeben. Dabei hatte sie ihn lange angesehen und liebkost und die besondere Nähe genossen, die man beim Füttern eines kleinen Babys erlebt. Sie hätte es sicher nicht gesagt, wenn sie gewußt hätte, daß ich in der Nähe war. Aber ich hatte oben etwas geholt und kam nun in diesem Moment die Treppe herunter. Sie sprach über Sebastian.

»Ich weiß nicht wieso, aber ich habe das Gefühl, der Kleine ist nur leihweise bei uns«, sagte sie. Und Mike stimmte ihr zu.

Insgeheim tat ich das auch. Ich wußte, was sie meinten, auch wenn ich nie gewagt hätte, es auszusprechen. Unsere Kinder sind immer nur leihweise bei uns. Wir sind dazu da, sie so lange wie möglich zu lieben, zu erziehen und zu beschützen – aber eines Tages, das wissen wir, sind sie flügge und werden davonfliegen. Irgendwie schien auch Sebastian das zu wissen.

Eines Tages erhielt ich einen wunderbaren Brief von einer Dame aus Eastbourne, einer Frau Rylands, die mir erklärte, daß Sebastian tatsächlich von seinem Schicksal gewußt hatte. ›Wir alle müssen an unserem eigenen Karma arbeiten und das berichtigen, was wir in unserem früheren Leben falsch gemacht haben‹, schrieb sie.

Sie erklärte weiter, Sebastian hätte sich mit Gott abgesprochen und seine Aufgabe auf Erden erfüllt, ehe er in den Himmel kam. ›Sebastian wußte bereits, daß er nur kurze Zeit bei Ihnen sein würde. Gott hatte ihn für eine besondere Aufgabe vorgesehen, und da er eine erfahrene Seele besaß, mußte er nicht viel Zeit hier verbringen. Wenn ich mein Baby auf dieselbe Weise verloren hätte wie Sie, hätte es nicht die gleiche Aufmerksamkeit erhalten‹, schrieb sie in ihrem Brief. ›Aber‹, so fuhr sie fort, ›Sebastian hatte seine Eltern, den richtigen Ort und Zeitpunkt mit Bedacht ausgewählt, um etwas in Bewegung zu bringen.‹ ›Natürlich werden Sie trauern‹, schrieb sie. ›Aber denken Sie immer daran, daß Sebastian durch Sie sein Karma erfüllen konnte.‹ – Das gefällt mir.

Wahrscheinlich ahnen Sie schon, was geschehen ist. Vier Monate nachdem wir Sebastians Nachhausekommen aus der Frauenklinik gefeiert hatten, am Geburtstag seines Bruders, fand ich ihn tot in seinem Bettchen. Der Schmerz über seinen Verlust sitzt noch immer tief in meinem Körper. Und mein Herz wird sich nie damit abfinden.

Ich habe meine wunderbaren Fotos, wenigstens das, und sie helfen mir über die schlimmsten Tage hinweg. Aber auf vielen meiner Schnappschüsse liegt Sebastian auf dem Bauch, in tiefem Schlaf. Die einzigen Momente, in denen ich genügend Zeit und die Hände frei hatte, waren ironischerweise die, in denen er schlief. Auf seinem Bauch, immer auf seinem Bauch. Jetzt schmerzt es mich jedesmal wie eine frische Wunde, wenn ich ihn so behaglich auf dem Bauch schlafen sehe, mit ausgestreckten Armen, die perfekten kleinen Finger liebkosten fast seine Nase, seine Augen waren unter den dichten schwarzen Wimpern fest geschlossen.

Wenn ich es nur gewußt hätte, mein lieber kleiner Supi. Ich hätte dich herumgedreht. Wenn ich es nur gewußt hätte.

1. Kapitel

Juli 1990

Es war ein Bilderbuchstart in einen perfekten Urlaub: Es war warm, das Meer blau, unser Hotel erstklassig, und gleich neben dem Planschbecken hatten wir ein hübsches Fleckchen entdeckt, das wie für uns gemacht schien. Wir reckten uns der Sonne entgegen wie Katzen, die aus der Kälte hereinkommen, und sahen den Kindern zu, die ausgelassen herumrannten und im Wasser tollten und planschten. Mike bestellte uns einen Brandy Sour, den typischen Insel-Cocktail. Ich lehnte mich zurück und schloß die Augen mit dem beruhigenden Gefühl, daß unser Kindermädchen Alex ihre Augen auf die bunten Sonnenhüte richtete, unter denen unsere Kinder steckten. Das war die totale Entspannung. Das Paradies. Das war Zypern, wie wir es kannten.

Mittags wurden die Sonnenschirme aufgespannt, und ein dunkelhäutiger Ober mit gestärkter weißer Schürze servierte einen Imbiß: Bauernsalat und Schafskäse, dazu die unvermeidliche Coca-Cola. Mike und ich flohen hinauf in die Kühle und Abgeschiedenheit unserer Suite, sahen auf den Pool hinab und dachten daran, wie gut es uns ging und wie glücklich wir doch waren. Hier, in dieser klimatisierten, luxuriösen Umgebung, die so ganz anders war als der Menschengrill unter uns, lief ein angenehmes Prickeln über unsere Haut.

Mike zog die Vorhänge zu, und wir liebten uns in der kühlen Dunkelheit. Wir zeugten Sebastian.

Ich erinnere mich nur deshalb an den genauen Tag, weil wir damals Witze darüber gemacht hatten: Am Abend zuvor war eine unserer Reisetaschen bei Cyprus Airways verlorengegangen. Sie war nach Athen weitergeflogen oder in London geblieben – wir erfuhren nie, was passiert war, warum sie von unserem übrigen Gepäck getrennt wurde und es zwei Tage dauerte, bis sie gefunden und zu uns ins Hotel geschickt wurde.

Es war einer dieser Flüge gewesen, die sich seriös anhören, wenn man sie bucht, einen dann jedoch mitten in der Nacht auf einem fernen Flughafen absetzen, wo man sich mit Personal herumschlagen muß, das eine fremde Sprache spricht. Sämtliche Koffer waren einfach auf dem Rollfeld gestapelt worden, weil der zuständige Flughafenangestellte nach Hause schlafengegangen war. Es herrschte ein wildes Durcheinander, als sich die Passagiere tapfer ihr Gepäck zusammensuchten und ihre Koffer dann zur Zollabsperrung schleppten. Mikes Koffer war der einzige, der verlorengegangen war. Ein Passagier sagte, er glaubte, ein kleiner Junge habe ihn genommen. Bis wir schließlich herausgefunden hatten, daß ein kleiner Schuljunge bereits den Zoll passiert hatte, von seinen Eltern in Empfang genommen und nach Hause zur britischen Militärbasis gebracht worden war, war eine Stunde vergangen.

Das zypriotische Temperament begann zu kochen. Die Flughafenangestellten verstanden nicht, warum Mike sich so aufregte, und benutzten Wörter, die nicht in unseren Wörterbüchern vorkamen. Als ich sah, daß die Uhr fast drei Uhr morgens anzeigte, hatte ich genug. Alex hielt im Halbschlaf unser Kleinkind Jamie im Arm, der apathisch vor sich hinstarrte und auf sein Hemd spuckte. Oliver, der gerade drei war, saß auf seinem Koffer und heulte voller Verzweiflung. Wir waren jetzt lange genug unterwegs. Mike und ein Mann mit einem spitzen Hut waren in eine heiße Diskussion verstrickt, ob man aus einem Land ausgewiesen werden konnte, in das man noch nicht richtig eingereist war. Es gab nur noch eine Möglichkeit, überlegte ich und schämte mich ein bißchen für meine Entscheidung. Ich würde ein bißchen kleines Frauchen spielen und anfangen zu weinen. Ich begann laut zu schluchzen und schnappte mir Oliver zur dramatischen Unterstützung. Das Bild der Verzweiflung, das ich bot, war perfekt.

Und es funktionierte. Alle entschuldigten sich, und man bot mir mehrere zerknautschte Taschentücher an. Mike nahm seine Beleidigung zurück, die er Stunden zuvor einer Stewardeß zugerufen hatte, die längst ins Bett gegangen war, und die ganze häßliche Geschichte war vergessen. Glücklicherweise fanden wir unseren extrem geduldigen und inzwischen sehr reich gewordenen Taxifahrer vor dem Flughafengebäude und fuhren davon. Vollständig – bis auf eine Reisetasche.

Aber es war Mikes Reisetasche – mit allen wichtigen Toilettenartikeln. Und ich nahm keine Pille. Wir hätten uns also des Risikos, uns an diesem Tag zu lieben, bewußt sein müssen. »Dann ist Cyprus Airways schuld«, witzelten wir und dachten nicht eine Sekunde daran, daß ein neues Baby unterwegs sein könnte.

Es waren die schönsten Ferien, die ich je erlebt habe, und heute freue ich mich darüber, daß die kleine Zellanhäufung, die Sebastian wurde, sich rasch in mir teilte und teilte, während ich so zufrieden war – und völlig ahnungslos natürlich, daß ich schwanger war. Die Wahrheit traf mich Wochen später wie ein Hammerschlag. Der Zeitpunkt, die Familie erneut zu vergrößern, war einfach nicht günstig. Dafür war zuviel passiert. Das Leben war auf einmal sehr kompliziert geworden und gute Jobs so rar wie nie zuvor. Bei meiner Arbeit als Fernsehmoderatorin war einiges schiefgegangen, genaugenommen war alles schiefgegangen, seit ich statt der täglichen Talkrunde *Good Morning Britain* eine Show moderierte, die nur sonntags ausgestrahlt wurde.

Dabei war das gar nicht meine Idee gewesen, sondern die von Bruce Gyngell, meinem Chef beim Fernsehsender *TV-am*. Er hatte mich in Australien angerufen, wo ich mich während des Mutterschutzes nach der Geburt meines zweiten Sohns Jamie aufhielt. Bruce Gyngell hatte mir vorgeschlagen, die tägliche Show aufzugeben und statt dessen die Sonntagssendung zu übernehmen. Bisher hatte ein anderer, sehr populärer Journalist, David Frost, diese Talkrunde geleitet; er wollte *TV-am* jedoch verlassen und nach Amerika gehen. Die Vorstellung, jetzt, da ich zwei Kinder hatte, nicht mehr täglich in aller Herrgottsfrühe aufzustehen, gefiel mir. Außerdem moderierte ich eine zweite Show bei einem anderen Fernsehsender, bei *ITV*. Die Sendung hieß *TV Weekly* und wurde jeden Donnerstag ausgestrahlt. Zwei Tage Arbeit in der Woche waren die perfekte Lösung für mich – ideal für eine berufstätige Medien-Mama. Ich sagte ja, ehe Bruce Gyngell seinen Vorschlag zu Ende formuliert hatte.

»Prima«, rief er zufrieden durch den Hörer. »Wir faxen Ihnen einen Vertrag zu. Unterschreiben Sie schnell, wer weiß, vielleicht entpuppt sich Davids Show in Amerika als Flop, und er kommt zurück.«

Damals hatte ich keine Ahnung, daß Bruce gute Gründe für diese Annahme hatte und David Frost tatsächlich ein paar Wochen später zurückkehrte.

Und es kam, wie es kommen mußte. Im Laufe des Sommers wurde immer klarer, daß David Frost seine alte Sonntags-Show zurückhaben wollte. Nicht alle Termine, aber die besten. Für mich sollten die Sonntage im Sommerloch übrigbleiben, wenn niemand sich die Sendung ansah und keine interessanten Gäste zu haben waren.

Ein sehr verlegener Bruce Gyngell machte mir umständlich, aber auch unmißverständlich klar, daß ich mich in diese Planung zu fügen hätte.

Ich war völlig vor den Kopf gestoßen. Vehement wies ich auf meinen Vertrag hin, und Bruce versprach, ihn soweit wie möglich zu erfüllen. »Niemand wird Sie auf die Straße setzen«, meinte er. »Schließlich können Sie im Laufe des Jahres immer noch vierzehn oder fünfzehn Sendungen moderieren.«

Doch damit gab ich mich nicht zufrieden. Ich wandte mich an einen Anwalt und verklagte *TV-am* wegen Vertragsbruchs.

Und so war ich viel zu beschäftigt, zu sehr in Gedanken und zu angespannt, um zu bemerken, daß meine Periode nicht pünktlich kam. Ganz und gar nicht pünktlich. Als ich schließlich darüber nachdachte, wußte ich es sofort: »Zypern!«

Ich rannte zum Kalender, riß ihn von der Wand und blätterte zurück bis zum Juli, wo in großen schwarzen Buchstaben das Wort ›URLAUB‹ stand. Ich rechnete nach. Ja, es war durchaus möglich, daß ich in der sechsten Woche schwanger war. Wie sollte ich das Mike beibringen? Ein weiteres Baby war das letzte, was wir beide im Moment wollten. Besser gesagt, ein weiteres Baby war das letzte, was wir überhaupt wollten. Punkt. Oliver und Jamie reichten uns. Ein drittes Kind war nicht geplant.

Warum haben wir Frauen nur so oft ein schlechtes Gewissen, wenn es darum geht, die Nachrichten von einem Überraschungsbaby zu übermitteln? Und wieso haben wir das Gefühl, uns dafür rechtfertigen zu müssen? Schließlich gehören zum Kinderzeugen immer zwei. Gewappnet mit diesem Argument ließ ich die Bombe beim Abendessen platzen. Mike verschluckte sich fast. »Aber wann?« keuchte er.

»Zypern ...«, antwortete ich. »Weißt du nicht mehr ...?«

»Die verlorengegangene Reisetasche ...« Er erinnerte sich. »Aber das war nur einmal. Niemand wird so schnell schwanger ...«

Das war alles. Kein Champagner, kein Feuerwerk. Keine Anrufe bei unseren Eltern, um ihnen mitzuteilen, daß sie erneut Großeltern würden. Wir bekamen ein Baby, aber keiner von uns freute sich darüber. Wir waren beide schweigsam. Mike lächelte ironisch, sah mich an und meinte: »Was machen wir jetzt?«

Ich zuckte die Schultern. »Keine Ahnung.«

Es war einfach ein zu wichtiges Thema, um es an diesem Abend zu besprechen. Wir waren beide geschockt und mußten uns erst einmal mit der Neuigkeit vertraut machen. Und wir gehörten zu den Menschen, die alles in ihrem Leben immer sehr geplant hatten. Bisher jedenfalls.

»Wir sollten es uns erst bestätigen lassen.«

Also rief ich meine Freundin Shirley an. Wenn man prominent und ab und zu auf den Titelseiten der Zeitschriften abgebildet ist, kann man nicht einfach in eine Apotheke gehen und einen Schwangerschaftstest kaufen. Das würde für einigen Wirbel sorgen. Und wenn der Ehemann ebenfalls einigermaßen bekannt ist, kann man auch ihn nicht losschicken. Am nächsten Morgen überließ ich die Kinder unserem Kindermädchen Alex und eilte zum Appartement meiner Freundin. Shirley und ich waren schon von klein auf enge Freundinnen. Wir hatten alles geteilt. Jetzt saßen wir wie Schulmädchen in Shirleys Bad auf dem Boden, starrten auf den Teststreifen und warteten darauf, daß er sich verfärbte.

Blau. Es gab also keinen Zweifel mehr. Oh je, ich war wieder schwanger. Shirley umarmte mich, und ich weinte vor Verzweiflung, statt vor Freude. »Ach, was soll ich nur machen«, jammerte ich.

Shirley war schockiert. Sie konnte keine Kinder bekommen, und da saß ich nun, glücklich verheiratet, hatte zwei süße Söhne und heulte, weil dieses Glück noch größer wurde. Aber man kann das wohl nur verstehen, wenn man selbst erlebt hat, wie schwer es ist, sich von zwei dicht aufeinanderfolgenden Geburten zu erholen. Ich fing gerade erst an, mich nach Jamies Geburt körperlich wieder normal zu fühlen. Ich hatte kräftig zugenommen und erfolglos eine Diät nach der anderen probiert, um mein Normalgewicht zurückzubekommen. Erst nachdem ich einen sehr teuren privaten Fitneß-Trainer engagiert hatte, hatte ich wieder meine 57 Kilogramm erreicht. Und Jamie begann gerade erst, nachts einigermaßen durchzuschlafen. Von Geburt an hatte er mit Koliken zu kämpfen und wachte nachts alle zwanzig Minuten auf, was Mike und mich zu völlig übermüdeten Zombies gemacht hatte.

Ich fürchtete mich vor dem Plötzlichen Kindstod – eine Kollegin vom Fernsehen hatte ihre Tochter auf diese Weise verloren –, deshalb bestand ich darauf, daß Jamie an einen Überwachungsmonitor angeschlossen wurde. Es handelte sich um einen rechteckigen Sensor, den man unter der Matratze des Bettchens befestigte und der Alarm auslöste, wenn die Atmung des Babys aussetzte. Mein Hausarzt Peter Wheeler hatte mir von diesen Monitoren erzählt. Er hatte kürzlich eine Familie betreut, die einen Plötzlichen Kindstod zu beklagen hatte. Das Erlebnis hatte ihn tief erschüttert, und er hatte mir von der schrecklichen Szene berichtet, als das Kindermädchen das Baby eines Morgens tot aufgefunden hatte. Zu allem Überfluß hielten sich die Eltern damals im Ausland auf und mußten von den Angehörigen benachrichtigt werden, die alle vor Schock und Trauer wie gelähmt waren.

Ich fragte Peter, wie es zum Plötzlichen Kindstod kommen konnte. Ich wußte kaum etwas darüber, obwohl ich mindestens zwei Fernseh-Interviews zu diesem Thema gemacht hatte.

»Man weiß es leider nicht«, antwortete er bedrückt. »Die Babys scheinen einfach das Atmen zu vergessen.«

Das Baby, das gestorben war, war ein Zwillingsbaby gewesen, und man hat das andere daraufhin ständig nachts mit einem Monitor überwacht. Als ich wenig später Jamie erwartete, fragte ich Peter, wo man so einen Monitor herbekommt.

»Aber was tust du, wenn er Alarm auslöst?« wollte er wissen.

»Keine Ahnung, vielleicht das Baby hochnehmen und schütteln«, schlug ich vor. In Wahrheit hatte ich nicht eine Sekunde daran gedacht, daß der Alarm tatsächlich losgehen könnte. Aber wenn das Baby vergaß zu atmen, würde ich es einfach daran erinnern. Das war zumindest besser, als es Stunden später tot aufzufinden.

Also bekam ich meinen Monitor, und ich benutzte ihn, ohne allzuviel Ahnung zu haben. Niemand hatte mir gesagt, daß es Modelle gab, die ständig Fehlalarm auslösten, und unserer wartete nur darauf, bis Jamie friedlich eingeschlafen und ich die Treppe hinuntergegangen war. Sobald ich die unterste Stufe erreicht hatte, ertönte das schrille Piepsen des Alarms. Mein Herz setzte jedesmal einen Moment aus, dann jagte ich wieder die Treppe hinauf, voller Panik, daß mein kostbares Kind sterben könnte.

Wenn ich dann ins Kinderzimmer kam, zitterte Jamie aus Angst vor dem Geräusch, und es dauerte erneut eine halbe Stunde, bis er wieder eingeschlafen war. Es machte uns alle wahnsinnig, und wer weiß, was es dem Baby antat. War jeder Alarm ein Fehlalarm? Oder hörte Jamie tatsächlich auf zu atmen und wurde durch das nervende Summen wieder zu Bewußtsein gebracht? Ich werde es nie erfahren.

Als Jamie Monate später immer noch zehn- bis zwölfmal in der Nacht aufwachte, begann ich mir Sorgen um seine Gesundheit zu machen. Glücklicherweise hatte ich einen Freund, der Kinderarzt in der Universitätsklinik war. Ich bat ihm zum erstenmal um einen Gefallen, und er lud mich und Mike in seine Klinik im Londoner Westend ein. »Kommt am Donnerstag nachmittag«, schlug er vor. »Dann ist es meist sehr ruhig hier, und ich kümmere mich um meine traurigen Fälle.«

Eine Krankenschwester empfing uns und führte uns einen endlosen Flur entlang. Ich erinnere mich noch, daß mir die fast unheimliche Stille auffiel, obwohl es Behandlungszimmer und eine große Warteecke voller Spielzeug gab. Und dann fiel mir wieder ein, daß mein Freund etwas von Trauerfällen gesagt hatte. Wie furchtbar, dachte ich, daß ein Kinderarzt nicht nur Leben rettete. Er hatte genauso mit dem Tod zu tun wie alle anderen Ärzte.

War mit unserem Baby auch etwas nicht in Ordnung? Er untersuchte Jamie gründlich. »Nein«, beruhigte er uns. »Aber ihr zwei habt Probleme. Ihr seht sehr müde aus. Erzählt mir einmal, was ihr nachts mit Jamie macht. Ich wette nämlich, es ist nichts Krankhaftes, sondern etwas Anerzogenes.«

Er lächelte wissend, als ich den Monitor erwähnte. »Was würdet ihr denn machen, wenn ihr feststellen müßtet, daß Jamie nicht mehr atmet?«

»Ihn schütteln?« schlug ich vor.

»Ich gebe euch einen guten Rat«, erklärte er und lehnte sich auf seinem Stuhl zurück. »Nehmt ihm den Monitor ab und räumt ihn in den Schrank.«

Das taten wir. Ich war längst sicher, daß das verfluchte Gerät unser Leben ruinierte, ich hatte nur nicht den Mut gehabt, es wegzuräumen, weil ich Angst hatte, Jamie würde dann sterben. Es funktionierte sofort. Ich entfernte den Monitor, und nach wenigen Tagen schlief Jamie viel besser. Schon bald schlief er die ganze Nacht durch.

Überhaupt lief zu Hause jetzt alles besser. Oliver ging inzwischen in den Kindergarten, und wir hatten ein tolles Kindermädchen gefunden, der ich mehr und mehr vertraute. Sie hieß Alex, und die Kinder liebten sie abgöttisch. Das bedeutete, daß ich ohne schlechtes Gewissen arbeiten gehen konnte. Abends konnten wir wieder ausgehen und brauchten uns keine Sorgen zu machen. Mike und ich fühlten uns jetzt langsam wieder wie ein Ehepaar und nicht nur wie zwei erschöpfte Babysitter. Deshalb löste die Aussicht auf ein neues Baby keine Begeisterung bei uns aus. Wir beschlossen, über das Schicksal dieser Schwangerschaft bei einem Essen in unserem Lieblingsrestaurant *Mosimann's* zu entscheiden.

Im nachhinein kommt es mir seltsam vor, daß wir einen so eleganten, luxuriösen und romantischen Rahmen wählten, um solch eine Sache zu besprechen. Aber tatsächlich ging es auch um unsere Beziehung. Für uns beide war eine Abtreibung keine leichtfertige Angelegenheit. Aber hier stand nicht nur das Leben des Babys zur Diskussion, sondern auch das Überleben unserer Ehe und unserer Familie. Uns war klar, daß unsere Partnerschaft in letzter Zeit eine Menge Streß hatte aushalten müssen. Und wir wußten auch, daß wir kaum mehr ertragen konnten.

Am Ende dieses Abends wußte ich, was ich wollte. Und Mike stimmte mir zu. Wir trafen eine Entscheidung, die wir für uns vier am vernünftigsten hielten. Wir hatten uns für eine Abtreibung entschieden.

Ich bin so unendlich froh, daß ich diese Entscheidung nicht durchgehalten habe.

2. Kapitel

Wir hatten ein tolles Spielzimmer in unserem Londoner Haus. Es lag im Erdgeschoß, direkt neben der Küche. Den Boden bedeckte ein furchterregend roter Teppich, auf dem ein riesiges rotes Samtsofa stand. Beides hatten wir von den vorhergehenden Hausbesitzern geerbt. Als sie noch hier wohnten, war auch die Holzvertäfelung rot gestrichen, und die Tapete war dunkel. Ich erinnere mich noch gut, wie wir das Haus zum erstenmal besichtigten und in dieses Zimmer geführt wurden. Es kam mir vor wie der Abstieg in die Hölle.

Aber wir konnten es uns nicht leisten, sofort alles zu renovieren. Deshalb strichen wir nur das Holz weiß und die Wände hellgelb. Plötzlich sah es aus wie ein hübsches buntes Kinderzimmer, und so blieb es dann auch. Nach und nach kamen auch ein paar Erwachsenen-Utensilien hinzu wie das Faxgerät, das Videogerät und die Stereoanlage, und das Zimmer wurde zum Mittelpunkt des Hauses, in dem es auch immer von Kindern zu wimmeln schien.

Wenn man in London lebt und ein Kindermädchen hat, wird das eigene Haus bald zum Treffpunkt für die Kindermädchen der Stadt. Das bedeutete, daß unsere Küche immer von Kindermädchen bevölkert war, die Kaffee tranken und Partys oder Ausflüge für die Kinder organisierten. Unsere drei Jahre und achtzehn

Monate alten Kinder hatten ein wesentlich regeres Gesellschaftsleben als wir. Ständig gingen sie in den Zoo, unternahmen Bustouren durch London, fütterten die Enten im Regent's Park oder besuchten ein Theater.

Unser Haus ist ein richtiges Haus für Kinder, dachte ich eines Morgens, als ich ihnen beim Spielen im Garten zusah. Wie konnten wir nun eines zurückweisen? Langsam, aber sicher schüttete das kleine Wesen, das in mir wuchs, Hormone aus, die mich umstimmten. Es wollte geboren werden.

Also gut! Wenn ich ein weiteres Baby bekommen würde, die morgendliche Übelkeit ertragen mußte, wieder meine Figur verlieren und erneut überempfindlich reagieren würde – mußte ich mich dann wirklich auch noch mit dem Rechtsstreit herumschlagen, den ich gegen *TV-am* führte? Seit einiger Zeit fragten Mike und ich uns, ob wir das Verfahren nicht einstellen lassen sollten. Es entwickelte sich deutlich zu einem dieser Verfahren, bei denen beide Seiten verlieren und nur die Anwälte reich werden. Wie bei einer Scheidung.

Mike war gewöhnlich derjenige, der darauf bestand, Unrecht bis zum bitteren Ende zu bekämpfen. In der Vergangenheit hatte er Verleumdungsklagen gegen Zeitungen geführt und den Kampf auch dann noch fortgesetzt, wenn ich schon längst aufgegeben hätte. Trotz horrender Kosten und immer weiterer bösartiger Berichte hielt er tapfer durch. Und es hatte sich am Ende immer gelohnt. Aber diesmal hatte auch Mike das Gefühl, daß die Dinge uns aus der Hand glitten. Eines Morgens, ehe er zu der Fernsehstation fuhr, bei der er als Geschäftsführer arbeitete, kam es zwischen uns zu einer lautstarken Auseinandersetzung. Er warf mir vor, es sei dumm von mir, so hohe Anwaltskosten zu verursachen. Es war klar, daß *TV-am* nicht nachgeben würde, um mich finanziell in die Enge zu treiben.

Widerstrebend wählte ich die Nummer meines Anwalts Ian Bloom, um ihn zu bitten, die Klage zurückzuziehen und nach einem Weg zu suchen, der mir weitere Kosten ersparen würde. Er war nicht in seinem Büro, aber seine Sekretärin versprach mir, daß er mich zurückrufen würde. Zwei Stunden später, als ich gerade Jamies Windel wechselte und das Mittagessen plante, rief Ian an. Er wartete gar nicht ab, bis ich ihm den Grund meines Anrufs erläuterte. »Großartige Neuigkeiten!« posaunte er in den Hörer. »*TV-am* hat einen Vergleich angeboten, und ich glaube, er wird dir gefallen.«

Man wollte mir jeden Pfennig zahlen, der mir nach meinem Zweijahresvertrag zustand, dafür mußte ich auf alle Sendungen verzichten. Das Angebot hätte nicht besser sein können. Jetzt hatte ich einen gutbezahlten zweijährigen Mutterschaftsurlaub, auch wenn ich nicht wußte, wie es danach weiterging. Aber damit konnte ich leben. Ich rief Mike an.

»Das sind ja tolle Nachrichten«, jubelte er. »Du solltest das Abkommen schleunigst unterschreiben, bevor sie von dem neuen Baby erfahren oder sonst einen Grund finden, ihr Angebot zurückzuziehen.«

Jetzt galt es nur noch, den Zuschauern mein Ausscheiden bei *TV-am* zu erklären. Tony Fitzpatrick, ein langjähriger Freund, der eine Public-Relations-Agentur besaß, riet mir, mit Bruce Gyngell zu überlegen, wie man die Sache mit Würde und Anstand über die Bühne bringen konnte. »Schließlich warst du sechs Jahre lang das weibliche Flaggschiff bei *TV-am*«, sagte er. »Da kannst du nicht einfach verschwinden. Du mußt dich von deinem Publikum anständig verabschieden.«

Mike und ich lachten über diesen Vorschlag. Wir saßen in Tonys elegantem Büro in den Londoner Docklands, das ganz in schwarzem Leder und Chrom ausgestattet war. Er goß uns Champagner ein und reichte uns die Gläser.

»Bruce wird mich nie wieder vor die Kamera lassen«, entgegnete ich.

»Da wäre ich mir nicht sicher.« Tony schüttelte den Kopf. »Bruce weiß, wie wichtig es ist, die Zuschauer bei Laune zu halten, und er weiß, wie verrückt diese Zuschauer nach dir sind. Er sollte dir gestatten, noch einmal in deiner alten Sendung aufzutreten, dir Blumen überreichen und dich erklären lassen, wie leid es dir tut, daß du gehen mußt.«

Mike und ich schüttelten gleichzeitig den Kopf. »Da wird er nie zustimmen.« Aber Tony wußte es besser. Er kannte Bruce mindestens so gut wie ich – und in manchen Dingen offenbar besser.

Und so überbrachte Tony uns nach wenigen Tagen die Nachricht, daß Bruce einverstanden sei und ich am nächsten Freitag zu Gast bei *Good Morning Britain* sein würde. Er gestand mir zu, mich von meinen Zuschauern zu verabschieden, die mich vom ersten Tag an unterstützt und begleitet hatten.

Ich trug einen schwarzen Pulli, einen kurzen schwarzen Rock und meinen knallroten Blazer, in den ich erst seit kurzem wieder paßte. Aber an diesem Morgen mußte ich den Bauch einziehen. Niemand sollte sehen, daß er sich schon wieder etwas rundete.

Bruce empfing mich in der Gästelounge. »Du siehst fabelhaft aus«, sagte er. »Wie geht es den Kindern? Und Mike?« Dann ging er fort, ohne meine Antwort abzuwarten. Ich nehme an, daß es ihm unangenehm war. Aber es machte mich traurig, daß er sich mir gegenüber so kühl verhielt.

Dann wurden nur noch einige Nettigkeiten ausgetauscht, und als ich schließlich das Gebäude verließ, in dem ich so oft ein- und ausgegangen war, hatte ich das Gefühl, daß ein wunderbares Kapitel meines Lebens zu Ende ging. Auch Bruce schien es so zu empfinden. Er hatte mir eine Nachricht hinterlassen:

»Jetzt haben wir also das Ende einer Ära erreicht. Ich kann nicht darüber hinweggehen, ohne mich persönlich bei Dir zu bedanken für alles, was Du für *TV-am* geleistet hast. Wir haben Deine Arbeit, Deine Zuverlässigkeit und Deine Professionalität immer bewundert. Und ich weiß, was für eine Bürde es oft für Deine Familie bedeutete. Ich möchte, daß Du weißt, wie sehr wir Deine Mitarbeit geschätzt haben. Dein Bruce.«

Ich verdankte diesem Haus und den Menschen hier eine ganze Menge, aber ich hoffe, ich habe ihnen auch viel gegeben. Ich werde es nie vergessen, und ich meine es ehrlich, wenn ich behaupte, nie wieder einen so aufregenden und zugleich anstrengenden, aber auch befriedigenden Job gefunden zu haben. Ich hatte das Gefühl, einen moralischen Sieg errungen zu haben. Ich hatte die Erfüllung meines Vertrags erzwungen. Doch von nun an gab es zu Hause eine Menge zu tun, denn schließlich war ein neues Baby unterwegs.

3. Kapitel

Die englische Presse war gnadenlos. Sie jagte mich unermüdlich. Alles, was ich tat oder sagte, schien eine Nachricht wert zu sein. Sogar als ich mir eines Morgens auf dem Weg in die Sendeanstalt den Zeh brach, erschien prompt eine Meldung auf der Titelseite einer Tageszeitung.

Viele Journalisten behaupten, die Öffentlichkeit habe ein Recht, das Privatleben berühmter Personen zu kennen, und rechtfertigen damit ihre teilweise unverschämten Praktiken. Es gab schon Reporter, die sich, als Polizist, Lieferant, Florist oder Arzt verkleidet, Eintritt in mein Haus verschaffen wollten. Einer hat sogar in meiner Mülltonne herumgewühlt. Wonach um alles in der Welt er da gesucht hat, weiß ich nicht.

Eine Zeitlang hatte mich die Presse geradezu bei lebendigem Leib verschlungen. Mein größter Fehler war, daß ich ein Privatleben besaß. Mein nächster Fehler war, daß dieses Privatleben nicht ganz konventionell war. Unglücklicherweise hatte ich mich gerade frisch verliebt, als mein Name begann, Schlagzeilen zu machen. Und mein Geliebter war bereits verheiratet. Für viele ist das eine unmögliche Situation, die ich auch gar nicht rechtfertigen möchte. Aber das Leben serviert einem leider nicht alles geordnet auf einem Tablett. Ich bin nicht die erste Frau, die sich hoffnungslos in einen verheirateten Mann verliebt hat. Und sicher auch nicht die letzte.

Wie immer man diese Situation beurteilen mag, Menschen, die darin stecken, brauchen vor allem Zeit, um sich über vieles klar zu werden. Zeit und Privatsphäre. Wenn jedoch ständig mindestens drei Journalisten vor der eigenen Haustür lauern, hat man weder das eine noch das andere. Wie wollen Sie sich verhalten, wenn jemand durch den Briefkasten ruft: »Lieben Sie Mike Hollingworth?« Antworten Sie, geben Sie ihnen Futter für ihre Stories. Antworten Sie nicht, schreiben sie, was sie wollen, und entschuldigen Unkorrektheiten damit, daß Sie ja nicht kooperieren wollten.

Das Schlimmste, was sie mir angetan haben, geht auf ein Erlebnis zurück, über das ich ganz und gar keine Kontrolle hatte. Mike und ich waren viel zusammen, obwohl er noch nicht geschieden war. Und dann stellte ich eines Tages fest, daß ich schwanger war. Wir waren beide der Meinung, daß wir dieses Baby unbedingt wollten. Unser Hausarzt Peter Wheeler freute sich riesig. Aber er riet mir, bis zum Ende des dritten Monats zu warten, ehe ich es jemandem sagte. Schließlich weiß man nie, wie sich die ersten Wochen entwickeln.

Mike und ich hatten noch nicht einmal überlegt, wie wir unseren Familien die Nachricht übermitteln sollten, als ich plötzlich das Gefühl hatte, eine Fehlgeburt zu erleiden. Es war kurz vor Weihnachten, und wir machten abends einen Einkaufsbummel durch ein Kaufhaus. Als wir die Rolltreppe hinauffuhren, brach ich plötzlich stark blutend zusammen. Glücklicherweise stand unser Auto nicht weit entfernt, so daß wir innerhalb weniger Minuten in Peter Wheelers Praxis waren. Ich weinte inzwischen hemmungslos, wir hatten beide Angst, unser Baby zu verlieren. Peter machte sofort eine Ultraschallaufnahme – und wir stellten erleichtert fest, daß Oliver noch lebte. Lediglich die Plazenta bereitete ein wenig Schwierigkeiten. Aber es genügte, wenn ich mich ein paar Tage ausruhte, danach würde alles wieder in Ordnung sein.

Wir waren gerade ein paar Stunden zu Hause, als das Telefon klingelte. Es war ein Reporter der Zeitschrift *News of the World*. Er habe einen Hinweis erhalten, daß ich schwanger sei, ob ich das bestätigen oder dementieren könnte. Ich war sprachlos. Wie konnten sie das herausgefunden haben? Ich hatte ja nicht einmal meinen Eltern etwas erzählt.

Dem Reporter entging meine Überraschung nicht. »Wir haben sichere Quellen«, erklärte er. »Wir wissen, daß es stimmt.«

»Aber das können Sie nicht wissen«, stotterte ich.

»Also, sind Sie nun schwanger oder nicht?«

Ich zögerte. »Nein«, antwortete ich dann und legte den Hörer auf.

Später am Abend rief die Pressestelle von *TV-am* an, die ebenfalls einen Anruf von *News of the World* erhalten hatte. Die Zeitschrift wollte eine Titelstory bringen mit der Überschrift ›Ein Baby für Anne‹. Der Bericht sollte mit folgenden Worten beginnen: ›Gestern abend bestritt Anne Diamond gegenüber unserer Zeitung, schwanger zu sein. Aber ...‹

Ich hatte also weder Zeit noch Ruhe, über das kleine Baby in mir nachzudenken und mir zu überlegen, wie es nun weiterging, ob wir heiraten würden, wo wir leben würden. Das wichtigste war nun, die

Familie zu benachrichtigen, ehe sie es aus der Presse erfuhr.

Der Wirbel um meine erste Schwangerschaft hielt während der gesamten neun Monate an, und es überraschte uns wenig, als wir im Kreißsaal erfuhren, daß die Presse Wind davon bekommen hatte, daß unser Baby nun kommen sollte. Und alle wollten ein Foto.

Wir veröffentlichten daraufhin eine Presseerklärung, daß Mutter und Baby wohlauf seien und wir in den nächsten Tagen weder Interviews noch Fototermine geben würden. Einem Journalisten war das nicht genug. Ich trank gerade eine Tasse Tee, freute mich auf mein Bad, und Mike hielt Oliver im Arm, als eine Hebamme an die Tür klopfte und hereinkam.

»Ich wollte Sie nur warnen«, sagte sie. »Ich möchte Sie nicht in Panik versetzen, aber unser Pförtner hatte gerade eine Auseinandersetzung mit einem Mann, der nach Ihnen fragte. Er trug einen weißen Mantel und gab sich als Arzt aus. Offensichtlich war er von der *Sun* ...«

Das war der Grund, warum Mike und ich sechs Stunden nach der Geburt nach Hause fuhren. Wir wurden über den Personalaufzug und dann in einem Lieferwagen aus dem Krankenhaus geschleust. Aber als wir zu Hause ankamen, wimmelte es auch dort vor der Tür von Journalisten. Also fuhren wir weiter bis zum nächsten Wohnblock, stiegen dort auf das Dach und liefen über die Dächer bis zu unserer Wohnung zurück. Wenn ich heute daran zurückdenke, wird mir schwindelig, aber damals hätten wir für ein Stück Privatsphäre beinahe alles getan.

Als den wartenden Journalisten schließlich klar wurde, daß wir im Haus waren, warfen sie Briefe in unseren Briefkasten, in denen sie mir hohe Summen für Exklusivfotos von Oliver anboten. *News of the World* schickte einen großen Blumenstrauß und einen Brief, in dem sie mir ebenfalls ein lukratives Angebot machten. »Ich wette, sie haben eine Wanze in den Blumen versteckt«, sagte ich lachend und stellte sie in eine Vase. Und dann wurde ich nachdenklich. Es war durchaus möglich, daß sie das wirklich getan hatten.

»Gefallen Ihnen die Blumen, Kitty?« fragte ich meine Haushälterin. »Nehmen Sie sie doch mit nach Hause.«

Kitty warf einen Blick auf den Strauß. »Sie sind zu schade zum Wegwerfen. Aber ich nehme sie nicht mit nach Hause, damit die Zeitungen mir und meinem Oliver nicht zuhören können. Ich bringe sie in die Kirche. Die werden staunen, wenn sie die ganze Zeit nur Kirchenlieder hören.«

Jedesmal wenn ein Florist mit einem weiteren Blumenstrauß erschien, kamen die wartenden Reporter mit gezückten Kameras auf die Tür zugerannt. Ein paar hübsche Blüten wurden zerquetscht, weil wir es nicht wagten, die Tür mehr als einen Spalt zu öffnen. Als wir schließlich einwilligten, Fotos von Oliver im *Daily Star* veröffentlichen zu lassen, warf man uns vor, unseren Sohn aus reiner Geldgier in die Zeitung zu bringen. Natürlich ist das Unsinn, aber die anderen Zeitungen druckten diese Anschuldigungen so häufig, daß sie schließlich als wahr angenommen wurden.

Als nächstes machten sie sich an unser Kindermädchen heran ... Bevor Debbie zu uns kam, hatte sie als Krankenschwester in einer großen Londoner Kinderklinik gearbeitet. Sie hatte sich in einem überaus netten Brief beworben, in dem sie mir schrieb, daß sie sich darauf freute, ein gesundes Kind zu beaufsichtigen, nachdem sie sich jahrelang nur um kranke Kinder gekümmert hatte. Als sie zu mir kam, mochte ich sie auf Anhieb. Ihre Erfahrung mit Kindern war phantastisch – aber ihre Fähigkeit, einen leckeren Salat zu zaubern, und ihr Talent, einen Gin Tonic zu mixen, machten sie zu einem Volltreffer!

Ich war der Ansicht, die richtige Wahl getroffen zu haben. Aber ich hatte vergessen oder wußte nicht, daß es eine Rolle spielte, daß Debbie als Krankenschwester ausgebildet war und nicht als Kindermädchen. Mike und ich hatten bald das Gefühl, wie unwillkommene Besucher behandelt zu werden. Und Ollie war der Patient. Er war immer makellos sauber, hübsch angezogen, wurde im Kinderwagen spazierengefahren und abends pünktlich ins Bett gebracht. Aber wir hatten nie das Gefühl, daß er zur Familie gehörte. Schließlich kamen wir uns wie Zuschauer auf einer perfekt geführten Krankenhausstation vor.

Eines Morgens ging ich in einen Babyladen und brachte ein Babytragetuch mit nach Hause – eines dieser Dinger, die man mit unergründlichen Knoten am Körper befestigt und mit denen man das Baby dann herumtragen kann. »Sehen Sie nur, was ich gekauft habe«, erklärte ich stolz, als ich das Tuch auspackte. »Aber wie funktioniert es bloß?« Ich sah Debbie hilfesuchend an.

Sie nahm mir das Tuch aus der Hand, band es sich um Schulter und Hüfte, setzte Oliver hinein und sah mich lächelnd an. »Das ist toll«, sagte sie und dann zu Oliver: »Es gefällt dir, nicht wahr?«

Ich stand da und schaute auf das Kindermädchen, das mein Baby trug. Ich hatte das Tragetuch für mich gekauft, nicht für sie, und nun wurde ich zur Zuschauerin degradiert, zu einer Besucherin, die ein Geschenk für Mutter und Kind mitgebracht hatte. Mit einer unsensiblen, unbekümmerten Geste hatte sie mich um ein schönes Erlebnis gebracht.

Als das Ende meines achtwöchigen Mutterschaftsurlaubs herannahte, schien Debbie sich darauf zu freuen, daß ich wieder arbeiten ging. Sie gab es sogar zu, als wir schließlich unsere hitzige, aber unvermeidliche ›kleine Aussprache‹ hatten. Wir kamen zu dem Schluß, daß es nicht mehr ging und sie uns so bald wie möglich verlassen würde. Sie sagte, sie müsse zuvor noch ein paar Dinge regeln. Ich glaubte, sie würde damit einen neuen Job oder eine neue Wohnung meinen, und war froh, daß sie es so gelassen aufnahm. Vielleicht könnten wir ja befreundet bleiben. Es war Morgen, und ich fütterte Ollie und spielte mit ihm, bis er in meinem Bett wieder einschlief. Zum erstenmal würde Debbie nicht ins Zimmer gestürmt kommen und ihn in sein eigenes Bettchen bringen.

Ungefähr drei Stunden später erhielt ich einen Anruf.

»Hallo, ist dort Anne Diamond? Hier spricht Kevin O'Sullivan von der *Sun*. Es wird Sie sicher interessieren, daß ich gerade mit Ihrem Kindermädchen essen war. Sie hat mir eine Menge Dinge erzählt. Wie finden Sie das ...?«

Ich war entsetzt. Nach einer kurzen Pause gelang es mir jedoch, auf eine Art automatischen Anrufbeantworter umzuschalten. Das ist etwas, was man dringend lernen muß: Ehe man etwas sagt, was man später bereut, muß man sich unbedingt Zeit verschaffen. Das ist besser, als den Hörer aufzuknallen, denn auch das wird berichtet und als Zeichen der Schwäche oder Überforderung ausgelegt.

»Kann ich Sie zurückrufen?« sagte ich und versuchte ruhig zu klingen.

»Natürlich«, säuselte er zurück und gab mir seine Nummer. Aber ich rief ihn nicht zurück, sondern benachrichtigte Mike.

Inzwischen schlug mir das Herz bis zum Hals. Unsere allerprivatesten Augenblicke mit unserem wunderbaren neuen Baby, unsere intimsten Gedanken, die wir mit einem Kindermädchen ausgetauscht hatten, dem wir vertrauten, unsere persönlichsten Familienfotos – auf der Titelseite der *Sun*. Das konnte sie uns einfach nicht angetan haben.

»Bitte Shirley, zu dir zu kommen«, schlug Mike vor, der auch in den brenzligsten Situationen die Ruhe behielt. »Ich werde den ganzen Nachmittag mit den Anwälten beschäftigt sein.«

Natürlich ließ Shirley alles stehen und liegen und eilte herbei. Auch sie konnte kaum glauben, was geschehen war. Während wir noch immer geschockt im Wohnzimmer saßen und Tee tranken, hörte ich, wie sich der Schlüssel im Schloß herumdrehte. Es war Debbie. Sie ging direkt in ihr Zimmer, aber ich folgte ihr und fragte sie, so ruhig wie es nur ging, warum sie das getan habe. Sie steckte Kleider und persönliche Dinge in einen schwarzen Müllbeutel. Weitere Säcke standen schon vollgestopft an der Tür.

Sie sah mich nicht an und murmelte nur: »Ich habe nichts zu sagen ...« Instinktiv dachte ich, daß das in dieser Situation ein seltsamer Satz war. Es war ein Satz, den man normalerweise im Umgang mit der Presse benutzte.

Sie zerrte die Müllsäcke aus der Tür und legte auf den Tisch im Flur ihren Haustürschlüssel und zwei Kreditkarten, die ich ihr für Einkäufe zur Verfügung gestellt hatte. Ratlos blickte ich ihr nach. Sie hatte ihren Abschied gut inszeniert.

Wieder rief ich Mike an. Ich erreichte ihn über sein Mobiltelefon. Er saß in einem Anwaltsbüro. »Debbie war gerade hier, um ihre Sachen zu holen«, jammerte ich. »Sie hat mir nicht einmal zugehört.«

Mike sagte etwas zu den Anwälten und antwortete mir dann: »Lauf hinter ihr her und versuch, sie zum Widerruf zu überreden. Es ist einen Versuch wert ...«

Ich schaute hinaus. Debbie lud ihr Gepäck gerade in ein Auto. Am Steuer saß ein Mann, der aussah wie ihr Bruder. Ich lief nach draußen und registrierte sofort, daß ein Fotograf auf der anderen Straßenseite stand und Bilder von mir machte, als ich auf Debbie zurannte. Wollte er mich bei einem hysterischen Ausbruch fotografieren? Lauerte er auf Schnappschüsse eines bösen Streits? Inzwischen saß Debbie auf der Beifahrerseite. »Debbie, bitte tun Sie das nicht«, flehte ich. »Auch wenn Sie mich und Mike treffen wollen, bitte tun Sie es dem kleinen Ollie zuliebe nicht. Ich dachte, Sie mögen ihn.«

Sie sah mich an, diesmal direkt in meine Augen. Ich konnte erkennen, daß sie verwirrt und erregt war. »Keine Sorge«, rief sie. »Ich habe nichts Schlimmes über Sie gesagt.«

Nach diesen Worten fuhr der Wagen davon. Ich ging zum Haus zurück. Der Fotograf drückte weiter auf seine Kamera, aber ich widerstand der Versuchung, etwas nach ihm zu werfen. Es wäre ein großartiges Foto geworden.

Mike war fast den ganzen Abend bei den Anwälten. Sie hatten inzwischen eine einstweilige Verfügung erwirkt, die die *Sun* zwang, die Story wieder herauszunehmen. Die Zeitung war bereits im Druck, und es kostete den Verlag eine Unmenge Geld, die Maschinen zu stoppen. Das würden sie uns sicher nie verzeihen.

Später am Abend rief Debbie an. Es tat ihr leid. Sie erzählte mir, Kevin, der Reporter, habe sie in einem Café angesprochen und ihr eine hohe Summe geboten. »Mehr als viele Leute im Jahr verdienen«, erklärte Debbie, und ich konnte sie fast verstehen.

»Haben Sie eingewilligt, ihm etwas zu erzählen? Haben Sie einen Vertrag unterschrieben?« erkundigte ich mich.

»Er sagte, ich würde das Geld später bekommen.«

»Aber haben Sie ihm irgend etwas erzählt?« fragte ich noch einmal.

»Na ja, er hat seinen Notizblock hervorgeholt und ziemlich viel aufgeschrieben«, gab sie zu. »Aber ich bin sicher, daß sie nichts drucken werden, wenn ich es ihnen verbiete.«

So konnte man wirklich nur denken, wenn man noch nie mit der Presse zu tun hatte. »Ach Debbie«, seufzte ich. »Verstehen Sie denn nicht? Sie haben ihnen doch längst gegeben, was sie wollten. Sie machen einfach, was sie wollen. Und ich wäre überrascht, wenn Sie Ihr Geld bekommen würden.«

Debbie wurde sehr schweigsam. Und dann versprach sie: »Ich werde sie anrufen und ihnen sagen, daß ich nichts damit zu tun haben möchte.«

Eine Stunde später rief sie erneut an. Diesmal weinte sie. Sie hatten ihr zu verstehen gegeben, daß sie sich zum Teufel scheren solle. Sie hatten ihre Story, sagten sie und behaupteten, nie von Geld gesprochen zu haben.

Natürlich verfügte die *Sun* über Rechtsanwälte, die ebenso ausgebufft waren wie ihre Journalisten. Sie durften die Story nicht in der *Sun* bringen, also wurde sie einfach in einer Schwesterpublikation, der *Today*, veröffentlicht. Debbie hatte ihnen ein paar ziemlich verletzende Dinge erzählt. Zum Beispiel, daß ich Ollie behandelte wie ein neues Spielzeug und Angst hätte vor einer Entführung. Oder wie Mike und ich uns stritten, und wie sehr ihn das Babygeschrei nervte. Das Verletzendste war für mich jedoch, daß sie sich überhaupt mit diesem Reporter eingelassen hatte. Wenn man den Bericht las, wurde einem rasch klar, daß er nur die privaten Spannungen beschrieb, die es in jeder Familie gab, wenn das erste Baby kam.

Anderthalb Jahre später starb Debbie. Obwohl sie eine ausgebildete Krankenschwester war – und eine erfahrene und gute dazu –, litt sie an einer Eßstörung und zerstörte ihren Körper schließlich durch den Mißbrauch von Abführmitteln. Da sie einmal für Schlagzeilen gesorgt hatte, berichtete die Presse über ihren Tod und über die Autopsie ihres Körpers, was für ihre Familie nur schwer zu ertragen war.

Ich hatte noch immer nicht wieder angefangen zu arbeiten, und sowohl Mike als auch ich begannen zu zweifeln, ob wir je wieder ein Kindermädchen finden würden, dem wir vertrauten. Aber wir hatten ja gute Freunde. Shirley war ganz versessen darauf, uns zu helfen, und hatte glücklicherweise ein paar Tage frei. Sie kümmerte sich gerne um Oliver, aber das war keine Lösung auf Dauer. Und weder Mike noch ich hatten das Gefühl, noch einmal einer Fremden trauen zu können. Dann löste Paula Yates mit einer einzigartigen Geste unsere ganzen Probleme.

Wir kannten Paula und ihren Mann nur flüchtig und waren sehr überrascht, als Paula eines Tages anrief. Sie hatte einen wunderbaren Vorschlag. »Ich habe nachgedacht und bin zu dem Schluß gekommen, daß es nur eine Lösung für euch gibt«, sagte sie.

»Ja?« Ich war gespannt.

»Ich werde euch unser Kindermädchen für eine Weile leihen. Sie ist schon lange bei uns, sie ist phantastisch, und sie wird euch über die schlimmste Zeit hinweghelfen. Aber ich möchte sie zurückhaben. Okay?«

Paulas Kindermädchen war eine Wucht. Ihr Name war Anita, und sie betrat unser Haus mit einem Selbstvertrauen und einer Zuversicht, die uns den Glauben an die Menschheit wiederschenkte. Und vor allem den Glauben, daß wir jemanden finden würden, der sich um unser Kind kümmerte und zur Familie paßte. »Geben Sie mir Zeit, dann finde ich schon das richtige Kindermädchen für Sie«, versprach sie und wollte genau wissen, wen wir suchten – was wir selbst für Leute waren, was wir von unserem Leben erwarteten und was von unserem Kind. Sie blieb ein paar Wochen bei uns und zeigte uns, was ein professionelles Kindermädchen war. Ich werde ihre und Paulas Hilfsbereitschaft nie vergessen.

Anita konnte auf Anhieb niemanden für uns finden, aber wir hatten trotzdem Glück. Genau im richtigen Moment trat Sue in unser Leben, auch wenn sie nur sechs Monate blieb. Sie kam von dem berühmten Norland College, aber noch wichtiger war, daß sie die Tochter von alten Freunden von mir war. Ich kannte

Tom und Sally Rollins aus meiner Heimatstadt, und sie waren die nettesten und solidesten Menschen, die man sich vorstellen konnte. Ihre Tochter war wie sie, und da stand sie nun und bewarb sich um einen Job bei uns. Sie war ein brillantes Kindermädchen. Als sie uns verließ, war ich ratlos. Ich rief Paula an und hatte Anita am Apparat, die mir erneut weiterhalf.

Als nächstes engagierte ich Carol. Es funktionierte wieder nicht. Ich arbeitete damals noch für das Frühstücksfernsehen, und Carol kehrte erst in den frühen Morgenstunden von ihren nächtlichen Ausflügen zurück, oft nur Minuten bevor ich zur Arbeit mußte. Wenn ich mittags nach Hause kam, war das Haus häufig totenstill, Carol lag schlafend im Bett, und der neun Monate alte Oliver lag immer noch im Schlafanzug neben ihr und starrte an die Decke.

Carol und ich kamen zu dem Schluß, daß wir einfach nicht zusammenpaßten. Ihr Freund, den ich ein einziges Mal kurz an der Haustür getroffen hatte, verkaufte seine Story an eine Zeitschrift. Neben dem unerhörten Vorwurf, ich behandele Kindermädchen wie Sklavinnen, erzählte er darin zum Beispiel, er hätte mich noch nie eine Windel wechseln sehen. Das entsprach tatsächlich der Wahrheit. Wie gesagt, er hatte mich nur einmal kurz gesehen. Aber die Behauptung sorgte für Zündstoff, und ich würde ihm immer noch gerne eine Windel ins Gesicht werfen.

Am Sonntag morgen rief Sue an. »Soll ich die Zeitung anrufen und mich für Sie einsetzen?« fragte sie beinahe unter Tränen.

Gerade als Mike und ich ernsthaft darüber nachdachten, wer von uns beiden seinen Job aufgeben und zu Hause bleiben sollte, rief Anita an. »Ich habe das

Kindermädchen Ihrer Träume gefunden«, verkündete sie.

Und das hatte sie tatsächlich.

Anne Watermann wehte wie eine frische Meeresbrise in unser Leben. Oliver vergötterte sie, und auch wir vertrauten ihr bald. Sie reiste um die ganze Welt mit uns: Sie verliebte sich in Australien, genauso wie wir, sie fuhr nach Los Angeles mit uns zum Töpfern, schob einen Buggy durch Manhattan, begleitete Ollie nach Disneyworld und brachte ihm in Hongkong bei, mit Stäbchen zu essen. In Sidney, wo wir drei wunderbare Monate in einer Millionärsvilla verbrachten, nahm sie Oliver jeden Morgen zum Schwimmen oder zum Spielen mit an den Strand, während ich den neugeborenen Jamie stillte. Sie war genau das, was wir brauchten. Und als sie uns verließ, weil sie sich verliebt hatte, half Anita uns ein weiteres Mal.

»Man bekommt keine zwei Traum-Kindermädchen, oder?«

»Natürlich!« widersprach Anita. »Ich suche Euch die nächste Traumfrau.« Und das tat sie.

Alex kam an einem besonders schwierigen Tag, um sich vorzustellen. Oliver war sehr trotzig, und Jamie hatte mich die ganze Nacht wachgehalten und schrie nun aus Leibeskräften nach einer Flasche Milch. Alex brauchte keine halbe Minute, bis sie die Lage unter Kontrolle hatte. Als wir eine Viertelstunde später in entspannter Atmosphäre unsere dritte Tasse Tee tranken, wußte ich, daß Anita es wieder einmal geschafft hatte. Und Alex ist auch heute noch bei uns.

Wenn man sich nicht selbst ständig um seine Kinder kümmern kann, dann muß die Person, der man diese Aufgabe überträgt, die Großmutter oder Tante sein oder jemand ganz Besonderes. Ich habe kein Verständnis für die Leute, die die Tätigkeit eines Kindermädchens, einer Kindergärtnerin oder eines Lehrers mißachten. Neben Elternsein sind das für mich die wichtigsten Aufgaben überhaupt.

4. Kapitel

Im Gegensatz zu dem Zirkus, der um Oliver und Jamies Geburten gemacht wurde, zeigten die Medien an Sebastians Ankunft wenig Interesse. Wir waren inzwischen verheiratet, und nach der anstrengenden Arbeit bei *TV-am* hatte ich nur noch eine einzige Fernsehverpflichtung: *TV Weekly*. Auch der Wirbel um mein Ausscheiden bei *TV-am* hatte sich längst gelegt, und mein Privatleben war ruhig und friedlich wie noch nie.

Oliver und Jamie freuten sich auf ihren Bruder. Sie hatten sogar einen Namen für ihn ausgesucht – wir haben nie ganz begriffen, wie sie ausgerechnet auf ›Supi‹ kamen. Jedenfalls hatten wir uns alle so sehr daran gewöhnt, daß unsere Familien Angst hatten, wir könnten den Kleinen tatsächlich auf diesen Namen taufen. Wir entschieden uns schließlich für Sebastian Patrick. Wenn er je seinen Kosenamen erklären mußte, konnte er immer sagen, es sei eine Zusammensetzung aus den Anfangsbuchstaben seines Vornamens, S und P. Sein Taufname leitete sich somit aus seinem Kosenamen ab und nicht umgekehrt.

Die Schwangerschaft war auch diesmal nicht besonders einfach. Gegen Ende litt ich unter Wassereinlagerungen und war unangenehm dick und kurzatmig. Vier Wochen vor dem Geburtstermin bekam ich chronische Rückenschmerzen.

Unser Kindermädchen Alex erinnerte mich daran, daß sie an diesem Wochenende nach Devon zu ihrer Großmutter fahren wollte. »Soll ich lieber hierbleiben?« bot sie an. »Vielleicht kommt das Baby eher, als Sie denken.«

»Nein, es dauert doch noch einen Monat«, widersprach ich. »Machen Sie sich keine Sorgen.«

»Ich möchte nicht, daß Sie Wehen bekommen, während ich fort bin. Schließlich will ich nichts verpassen.« Alex lachte, als sie mir am Samstag morgen eine Tasse Tee brachte. Ich war noch im Bett, aber die Schmerzen hatten nachgelassen. Vielleicht waren es tatsächlich nur Rückenschmerzen.

Aber Alex saß gerade eine halbe Stunde im Zug, als die Schmerzen noch heftiger wurden. Ich rief meine Geburtshelferin Maggie Thom an.

»Am besten, ich schaue Sie mir kurz an.« Sie klang besorgt. »Wir treffen uns um zehn im Krankenhaus.«

Mike rief Alex' beste Freundin Sandra an. Sie war ebenfalls Kindermädchen, inzwischen jedoch verheiratet und selbst Mutter. Er bat sie, auf unsere Kinder aufzupassen, während ich im Krankenhaus war.

»Wo ist Alex denn?« fragte sie.

»Auf dem Weg nach Devon«, erklärte Mike. Alex' Großmutter hatte ihm inzwischen am Telefon angeboten, Alex wieder zurückzuschicken, sobald sie in Exeter ankam. Sie wußte, daß sie jetzt unbedingt bei uns sein wollte.

»Typisch!« kommentierte Sandra und machte sich sofort auf den Weg. Gott sei Dank, denn ich hatte jetzt richtige Wehen.

Es war keine schmerzhafte Geburt, denn beim dritten Kind hatten Maggie Thom und ich uns für eine

Periduralanästhesie entschieden. Aber ich begann mir Sorgen zu machen, als gegen Abend ein Kinderarzt in den Raum kam und ein Tischchen mit Wiederbelebungsinstrumenten bereitstellte. Maggie registrierte meine Angst. »Das ist nur Routine, weil das Baby zu früh kommt«, beruhigte sie mich.

Mein perfekter kleiner Junge, unser Supi, wurde an diesem Samstagnachmittag kurz nach fünf Uhr geboren. Er wurde mir nicht auf den Bauch gelegt wie die anderen Kinder, sondern kam sofort unter die Obhut eines Kinderarztes. Der Arzt untersuchte ihn eingehend, und die Hebamme hüllte ihn in ein Handtuch, während seine Atemwege abgesaugt wurden. Dann schnitten sie die Nabelschnur durch.

»Er hat leichte Probleme mit der Atmung, aber Sie brauchen sich keine Sorgen zu machen. Das liegt nur daran, daß er noch etwas unreif ist. Sie können ihn jetzt für ein paar Minuten haben.« Sie reichten mir den Kleinen. Er hatte ein rosa-gräuliches Gesicht, das noch mit Käseschmiere bedeckt war, aber man konnte die Ähnlichkeit mit seinen Brüdern gut erkennen. Mike machte einen Schnappschuß mit der Kamera. Aber der Kleine sah mich panikerfüllt an und wurde dann plötzlich blau. Ich wandte mich an die Hebamme. »Er kriegt keine Luft!« Dann gab ich ihr das Baby rasch zurück. Ich wurde genäht und fühlte mich ziemlich hilflos, als mein Sohn wieder unter die Wärmelampe gelegt wurde und neue Sauggeräusche ertönten.

Mike war blaß geworden, er spürte die Beunruhigung der Ärzte. Bei unserem kleinen Jungen stimmten Größe und Gewicht, er schien perfekt zu sein. Aber ganz offensichtlich hatte er Probleme mit seiner Atmung – und kämpfte ums Überleben.

»Wir bringen ihn für ein paar Minuten auf die Intensivstation für Neugeborene«, sagten sie und schoben ihn fort. »Bitte machen Sie sich keine Sorgen, er braucht nur etwas Sauerstoff ...«

Wenige Minuten später kam die Hebamme zurück. »Machen Sie sich keine Sorgen, sie behalten ihn noch zwanzig Minuten dort. Trinken Sie eine Tasse Tee, und versuchen Sie, sich etwas auszuruhen.«

Die nächste Nachricht war, daß man ihn für ein paar Stunden auf der Intensivstation behalten wollte. Aber wir sollten uns keine Sorgen machen. Ich konnte wegen der Periduralanästhesie noch nicht laufen, deshalb wurde ich auf einer Trage zur Intensivstation geschoben, damit ich ihn sehen konnte. Sebastian war inzwischen gebadet worden und ziemlich rosig, aber er lag flach auf dem Rücken wie ein Versuchstier unter einer Wärmelampe. An seiner Brust und an seinen Zehen waren Kabel befestigt, neben seinem Bett standen Apparate mit rot blinkenden Zahlen und flackernden grünen Lichtern. Er lag unter einem Tunnel aus Plexiglas, von dem aus ein langer Schlauch zu einem Sauerstoffanschluß führte.

Damals wurde mir zum erstenmal klar, daß unser Supi ernsthaft krank war. Und daß sein Leben uns plötzlich genauso wichtig war wie das von Oliver und Jamie, obwohl wir ihn zuerst nicht gewollt hatten. Ich streckte den Arm aus und streichelte die winzige Ferse seines winzigen Fußes, den einzigen Körperteil, der aus dem Sauerstofftunnel herausragte.

Ich fühlte mich völlig hilflos. Ich lag hier auf dieser Liege, ein Tropf an meiner Hand, und dort lag mein kleines Kind und kämpfte verzweifelt um sein Leben. Bei jedem Atemzug schien sein Brustkorb vor Anstrengung beinahe in sich zusammenzufallen. Am liebsten hätte ich ihn genommen und wäre mit ihm davongelaufen. Doch statt dessen ließ ich mir von den Ärzten raten, ich solle mir keine Sorgen machen, und ließ mich in mein eigenes Zimmer schieben.

Ich beruhigte mich etwas, als Dr. Stanley Rom, der leitende Kinderarzt, zu mir kam. Er war zu Supi gerufen worden und machte einen ruhigen und souveränen, ja beinahe beruhigenden Eindruck.

»Ihrem kleinen Sohn geht es nicht besonders gut«, begann er. Gott sei Dank erzählte er mir nicht, ich solle mir keine Sorgen machen. Er sah, daß ich das bereits tat. »Er hat Atmungsschwierigkeiten, und wir werden herausfinden, warum. Es könnte sein, daß seine Speiseröhre unvollständig ist, dann müßten wir uns über eine Operation unterhalten. Aber wir werden zunächst eine Röntgenaufnahme machen, um zu sehen, was los ist.«

Der Sekt, den man in diesem Krankenhaus zu einem neugeborenen Baby bekam, stand immer noch kalt. Mike war kurz nach Hause gefahren, um sich um Sandra, Alex (die gerade von ihrem Tag bei der Bahn zurückgekehrt war) und die Jungen zu kümmern, und würde bald wieder hier sein.

Die Röntgenbilder zeigten, daß Supis Speiseröhre intakt war, Gott sei Dank. Es war den Ärzten gelungen, einen Tubus in seine Lunge zu schieben. Sie versicherten mir, daß er nichts habe, was man nicht mit Zeit und sorgfältiger Betreuung in den Griff bekommen könnte.

Ich badete, trank noch eine Tasse Tee und aß etwas. Und dann bot eine der Hebammen an, mich erneut zur Intensivstation zu fahren, die mir in den nächsten zwei

Wochen so vertraut werden würde. Denn obwohl sie zuerst gesagt hatten, Supi müsse nur zwanzig Minuten bleiben, dann zwei Stunden und dann über Nacht, endete es schließlich damit, daß er dort zwei Wochen blieb. Wie alle Eltern, deren Baby auf der Intensivstation liegt, begann auch ich nun zu lernen, welche Schläuche wohin führten und welche Apparate wofür verantwortlich waren.

»Dieser hier zeigt die Sauerstoffsättigung seines Blutes an«, erklärte die Schwester. »Und der den Herzrhythmus.«

Auch in den Inkubatoren nebenan kämpften kleine Leben, aber ich konnte den Blick kaum von dem winzigen Kerlchen wenden, das für mich schon so sehr zur Familie gehörte. Ich betrachtete seinen kleinen Brustkorb, der sich bei jedem Atemzug tapfer hob und dann derart zusammenfiel, daß ich sicher war, seine Wirbelsäule durch die Haut zu sehen. Vor seinem Mund bildeten sich Schaumbläschen, während der übrige Körper völlig bewegungslos dalag. Er war größer als die anderen Babys ringsum, aber er schien mehr Probleme beim Atmen zu haben. Möglicherweise hatte das etwas mit meinen starken Wassereinlagerungen zu tun.

Ich schaute Sebastian an, berührte sanft seine kleinen Füßchen, bis mir die Schwester riet, mich etwas auszuruhen. Und als Mike zurückkehrte, hatte ich ihm eine Menge zu erzählen.

Ich verbrachte eine einsame Nacht ohne mein Baby. Die Schwestern kamen ständig mit neuen Nachrichten, und einmal schleppte ich mich selbst auf wackligen Beinen über den Flur, um Sebastian zu sehen. Alle sagten, es gehe ihm gut. Aber er sah für mich genauso aus wie vorher. Seine Atmung war immer noch kritisch.

»Ist es richtig, ihn hierzubehalten?« fragte mein Mann vorsichtig Dr. Rom. »Oder wäre er in einer Kinderklinik besser aufgehoben.«

Dr. Rom nickte. Er verstand, was wir meinten. In ein schickes Krankenhaus wie dieses geht man genau aus diesem Grund: weil es so schick ist. Aber sobald es um Leben oder Tod geht, ist meist eine der Universitätskliniken die beste.

»Ich weiß, was Sie meinen, ja«, antwortete er. »Sebastian braucht eine Klinik, die ihm die beste medizinische Versorgung bietet. Sobald ich auch nur das leiseste Gefühl habe, er müsse in ein anderes Krankenhaus, werde ich ihn sofort verlegen lassen. Aber im Moment hat diese Klinik alles, was er braucht. Es war richtig, daß Sie nachgefragt haben. Sie lieben Ihren kleinen Sohn und wollen das Beste für ihn. Und ich werde dafür sorgen, daß er das Beste bekommt.«

Wir wurden allmählich ruhiger. Wir besuchten Supi noch einmal. Er sah noch immer nicht viel besser aus, aber wir begriffen jetzt, daß er Zeit brauchte. Er war zu früh auf die Welt gekommen und mußte nun, statt in meinem Bauch, im Inkubator weiterreifen. Wir konnten ihn nicht in den Arm nehmen und mit ihm schmusen, weil er eigentlich noch gar nicht geboren war. Die schwach beleuchtete Intensivstation mit ihren piepsenden Apparaten war so etwas wie die Fortsetzung des Mutterleibs. Erst wenn Sebastian hier herauskam, war er richtig bei uns.

Am Nachmittag kam Mike wieder, diesmal brachte er Alex und die Jungen mit. Schwester Chan, deren Umsichtigkeit ich zuerst für Pedanterie gehalten hatte, erlaubte den Jungen, ihren Bruder zu besuchen. Alex gestattete sie es jedoch nicht, weil sie keine Verwandte war. Sie blieb mit Tränen in den Augen vor der Intensivstation stehen, als wir mit Oliver und Jamie hineingingen. Mit drei Jahren bzw. achtzehn Monaten konnten sie nur schwer verstehen, daß dieser kleine Körper voller Schläuche ihr jüngster Bruder sein sollte.

Wir blieben ein paar Minuten, in denen die Kinder die Apparate bestaunten und Mike einige Videoaufnahmen machte. Dann gingen wir alle in mein Zimmer zurück, öffneten den Sekt und tranken auf Supis Gesundheit. Die Jungen hatten Glückwunschkarten für mich gebastelt und Blumen mitgebracht.

In der Zwischenzeit wurde Supi in einen anderen Inkubator verlegt und auf den Bauch gedreht, weil er so besser atmen konnte. Das machte es nicht nur für ihn, sondern auch für uns leichter, weil wir jetzt nicht mehr mit ansehen mußten, wie mühsam sich sein kleiner Brustkorb bei jedem Atemzug hob und senkte.

In den folgenden Tagen erweiterte sich unser Wortschatz wie der aller Eltern, die ein Kind auf der Intensivstation haben. Begriffe wie ›Sonde‹ und ›intubieren‹ gingen uns selbstverständlich über die Lippen. Ich lernte, trotz Tropf und Schläuchen seine Windeln zu wechseln. Und ich fand heraus, daß Sebastian es gerne hatte, wenn man seine Wirbelsäule streichelte, denn dann entspannte sich sein Gesicht. Und wenn ich scheinbar nur eine Weile neben ihm gesessen und seine kleinen Zehen liebkost hatte, waren oft Stunden vergangen. Um mich herum kamen und gingen andere Babys, deren ängstliche Eltern das ganze Spektrum menschlicher Emotionen ausfüllten. Und mir wurde klar, was für ein Glück wir hatten.

5. Kapitel

Alle, die zur gleichen Zeit wie ich auf der Wöchnerinnen-Station waren, haben mich sicher noch als die merkwürdige Gestalt im dunkelblauen Bademantel in Erinnerung, die ständig etwas auf Rädern zwischen ihrem Zimmer und der Säuglings-Intensivstation hin und herschob.

Es war mit einem weißen Tuch bedeckt und deshalb für Außenstehende nicht sofort erkennbar: eine elektrische Milchpumpe. Diesmal war ich entschlossen, mein Baby zu stillen, was mir bei meinen anderen Söhnen nicht gelungen war. Es war eine Gabe, bei der Gott mich übersprungen hatte, als er die natürlichen Talente verteilt hatte. Ich war zwar ganz gut ausgestattet und durchaus in der Lage, einen mittelgroßen Still-Büstenhalter auszufüllen, konnte aber einfach nicht genügend Milch produzieren.

Als Neugeborene hatten sowohl Oliver als auch Jamie einen kurzen Blick auf mich geworfen und sich dann für Flaschenmilch entschieden. Meine Stillerlebnisse waren ein trauriges Kapitel persönlicher Qualen, Schuldgefühle und Tränen. Ich hatte mich von der La Leche-Liga beraten lassen und Sheila Kitzingers Tips ausprobiert, aber nichts hatte geholfen.

Wenn man sich öffentlich über Babypflege äußert, wird erwartet, daß man das Stillen propagiert. Und ich weiß, daß Muttermilch für alle Beteiligten das beste ist. Ich habe auch zur Kenntnis genommen, daß jüngsten Forschungsberichten zufolge Stillen möglicherweise das Krebsrisiko mindert. Aber wenn es nicht klappt, klappt es eben nicht, und Schuldgefühle nutzen weder der Mutter noch dem Baby.

Doch diesmal bekam ich Schützenhilfe. Supi konnte keine Anforderungen an mich stellen, weil er noch keine Milch trinken durfte. Und ich war umgeben von Hebammen und Schwestern, die ausgebildet waren, Müttern das Stillen beizubringen. Wenn ich es jetzt nicht schaffe, sagte ich mir, schaffe ich es nie. Und da ich Supi noch nicht halten, geschweige ihn an die Brust nehmen konnte, gab ich mein Bestes ohne ihn. Ich machte mich mit der Milchpumpe der Station vertraut.

Am fünften Tag entschied Dr. Rom, daß Supi seine erste Milch trinken dürfte: einen Milliliter, der durch den Schlauch in seiner Nase in seinen Magen geträufelt werden würde. Dann würden sie abwarten, wie er reagierte und ob er sie richtig verdaute. Mit dieser Herausforderung ging ich zurück in mein Zimmer. Konnte ich einen Milliliter Milch produzieren? Das ist wirklich keine große Menge, wenn man bedenkt, daß auf einen Teelöffel fünf Milliliter passen. Aber es war nicht einfach. Wahrscheinlich wäre es leichter gewesen, Wasser aus einem Stein zu pressen. Es hat sicher eine halbe Stunde gedauert, aber dann hatte ich es geschafft. Ein milchig weißer Tropfen Kolostrum, die erste Super-Muttermilch, schimmerte in der sterilen Flasche, die ich mitgenommen hatte. Die Hebamme schmunzelte. »Na, viel ist das ja nicht. Aber dafür um so nahrhafter«, erklärte sie und zog die Milch in eine Spritze auf. »Dann wollen wir sie ihm jetzt geben.«

Supi entwickelte sich gut. Eines Morgens betrat ich die Intensivstation und erschrak. Er war nicht da. Oder besser, er war nicht an seinem gewohnten Platz. Sein Wärmebettchen war mit einer Plastikhaube zugedeckt, und alle Kabel und Schläuche waren weggeräumt. Glücklicherweise sahen die Schwestern mich, ehe ich mir Sorgen machen konnte. »Alles in Ordnung. Er liegt hier drüben im Inkubator.«

Zuerst verstand ich das als Hinweis darauf, daß es ihm schlechter ging. Doch in Wahrheit war es ein Zeichen dafür, daß er Fortschritte machte. Er brauchte jetzt keine ständige Überwachung mehr und durfte zufrieden in einer sicher abgeschlossenen Umgebung schlafen, wo man seine zusätzlichen Sauerstoffgaben nach und nach reduzieren konnte. Wenn er sich gut machte, würde er bald an die normale Luft kommen. Seine Atmung wurde immer besser und schien ihm längst nicht mehr soviel Mühe zu bereiten wie kurz nach seiner Geburt.

Aber er verlor an Gewicht. Er brauchte etwas zu essen. Er schlief tief und fest, als die Hebamme das Ende der Magensonde öffnete und seine erste Nahrung hineinspritzte. Dann hielt sie den Schlauch hoch, und wir sahen zu, wie der kleine Schluck hinunterlief und in ihn hineinfloß. Was für ein außergewöhnlicher Moment, dachte ich fasziniert. Eine Stunde später saugte die Schwester seinen Mageninhalt ab, ebenfalls durch den Schlauch, um zu überprüfen, ob er den Milchtropfen richtig verdaut hatte. Das hatte er, und Dr. Rom entschied, daß er eine Stunde später erneut einen Tropfen haben konnte.

»Wir sollten nichts überstürzen«, sagte er ruhig. »Er wächst langsam, aber sicher.« Wir sollten nichts überstürzen, da stimmte ich ihm zu und fragte mich gleichzeitig, ob ich noch mehr Milch herausbringen würde.

In einem Spezialkühlschrank auf der Wöchnerinnen-Station froren einige andere Frauen ihre Milch ein. Da standen Flasche um Flasche mit dem Zeug, alle waren sorgfältig beschriftet und bereit, nachts hungrige Babys zu sättigen. Ich fühlte mich völlig unterlegen. Wie gut, daß Supi nicht allzuviel von mir erwartete. Genaugenommen hatte er noch nicht einmal bemerkt, daß er überhaupt gefüttert worden war. Bald würde er wie alle gesunden Babys mehr brauchen, und zum Glück war ich in der Lage, es ihm zu geben. Ich war sehr stolz darauf.

Während ich an seinem Bettchen saß und Stunden damit zubrachte, mein kleines Baby zwischen all seinen Kabeln und Schläuchen zu streicheln, seine Windeln zu wechseln und ihn zu füttern, beobachtete ich die anderen Mitwirkenden in dieser seltsamen, stillen Seifenoper. Ich plauderte mit den anderen Mamas und Papas, die hier saßen, manche nur für ein paar Stunden, andere für Wochen, so wie ich. Und zum erstenmal seit ich Mutter war, begriff ich, daß man als Eltern nicht nur mit Leben, sondern auch mit Tod konfrontiert wird.

Eines Morgens kam ich herein, voller Frühlingsgefühle, schob meine Milchpumpe vor mir her, als mein Blick auf eine traurige Szene fiel. Ein Baby war am Vorabend gebracht worden, ich hatte es kurz gesehen, ehe der Paravent aufgestellt wurde. Er (oder sie, ich habe es nie erfahren) war so schrecklich blaß gewesen, das war mir am meisten aufgefallen. Sein ganzer kleiner Körper war so bleich gewesen. Während ich Supi gefüttert hatte, hatten sich mehrere Ärzte mit gedämpften Stimmen über den Inkubator des kleinen Babys hinweg unterhalten. Ihre Stimmen hatten sehr ernst und sehr traurig geklungen. Dem Baby schien es schlecht zu gehen. Aber ich wagte nicht, jemanden zu fragen.

Als ich jetzt die Tür zur Intensivstation öffnete, vernahm ich etwas, was ich nie mehr vergessen werde: das herzzerreißende Weinen einer Mutter. Ich sah ihr Gesicht nicht. Sie hatte ihrer Umgebung den Rücken zugewandt, aber ich konnte erkennen, daß sie ihr kleines, blasses Baby in den Armen hielt. Sie schaukelte langsam vor und zurück und hatte das Baby dabei dicht an sich gepreßt. Sie schaukelte vor und zurück und blickte weinend zur Wand. Ihr Baby war gestorben.

Hastig schaute ich zu meinem kleinen Supi, der in der Ecke schlief. Von der Tür aus sah ich, daß seine Monitore flackerten und summten wie üblich. Eine Schwester kam auf mich zu. »Können Sie in ein paar Minuten wiederkommen«, bat sie mich leise. Ich nickte bedrückt und ging stumm in mein Zimmer zurück. Ich hatte plötzlich die harte, schmerzhafte Grausamkeit von Geburt und Mutterwerden erfahren. Bisher hatte ich nur die Freuden kennengelernt.

Noch ein anderes Erlebnis aus dieser Zeit hat sich fest in mein Gedächtnis eingeprägt. Es war der Morgen, an dem die Medien berichteten, daß der Sohn des berühmten Rocksängers Eric Clapton gestorben war. Sein Name war Conor. Er hatte sich im Appartement seiner Mutter, in einem New Yorker Hochhaus, aufgehalten. Versehentlich hatte in der Wohnung ein Fenster offengestanden. Conor, ein kleiner sechsjähriger Wildfang, hatte im Zimmer herumgetollt und war aus dem Fenster hinausgestürzt. Er fiel 53 Stockwerke tief in den Tod.

Die Zeitungen berichteten ausführlich darüber, im Frühstücksfernsehen wurde der Unfall diskutiert. Die Wöchnerinnen-Station unseres Krankenhauses sprach davon, alle waren schockiert. Mütter hielten ihre Babys eng an sich gepreßt, und in den Ecken flüsterten die Leute: »Ist das nicht schrecklich. Haben Sie schon gehört? Er war so ein hübscher kleiner Junge ... « Und wir alle fragten die Ärzte: »Er war doch sicher ohnmächtig, ehe ... « Niemand wagte es, den Satz zu beenden. Den ganzen Tag schüttelten Schwestern, Ärzte und Patientinnen fassungslos und bedrückt den Kopf. Ich schwor mir, daß ich unsere Fenster vergittern lassen würde, sobald ich nach Hause kam.

Bald war es soweit. Ich konnte die Klinik vor Supi verlassen, und als mich das Team von *TV Weekly* anrief, um sich nach meinem Befinden zu erkundigen, sagte ich ihnen, ich sei fit genug, die nächste Talkshow zu moderieren. Sie schickten einen Wagen zum Krankenhaus, um mich abzuholen, und Mike blieb solange an Supis Bettchen. Als ich im Studio ankam, zeigte ich stolz meine Polaroid-Aufnahmen von Supi herum. Ich vermißte ihn schrecklich. Es war komisch, vier Tage nach der Geburt geschminkt und fein angezogen Fernsehaufnahmen zu machen. Aber ich wußte ja, daß es Supi gut ging und er bestens aufgehoben war. Das gesamte Team, Chris, Peter, Roy, Tony und Jane, war sehr hilfsbereit. Einige Monate später sollte ich ihre Freundschaft richtig schätzen lernen. Nach den Aufnahmen brachte mich der Wagen in die Klinik und zu meiner Milchpumpe zurück.

Eines Abends gingen Mike und ich zum Essen in ein kleines Restaurant um die Ecke. Die Schwestern hatten versprochen, uns über unser Handy anzurufen, falls etwas Wichtiges sein sollte. Es war seit langem unser erster Abend, an dem wir alleine ausgingen. Ich freute mich auf ein gemütliches Essen, bei dem ich wieder bequem sitzen, ohne Probleme essen und ein Glas Wein trinken konnte. Bei einem Milliliter alle zwei Stunden konnte ein Schluck Wein dem Baby wirklich nicht schaden.

Ich hatte Supi versprochen, ihn später zu füttern, und den Hebammen Bescheid gegeben. Als ich zurückkam, schlief Supi tief und fest neben seinem Teddy. An seinem Rücken klebte ein kleiner Zettel:

18. März 1991. IHR LIEBEN. MEINE MUTTER RIEF UM 20.30 UHR AN UND WIRD UM 21.00 UHR HIER SEIN, UM MICH ZU FÜTTERN. FÜTTERT MICH DESHALB BITTE NICHT, SONDERN UNTERHALTET MICH, WENN ICH AUFWACHE. LIEBE GRÜSSE, SEBASTIAN.

Ich nahm meine Kamera heraus und fotografierte das Bild. Wenig später durfte Supi die Intensivstation für eine halbe Stunde verlassen und mit mir auf die Wöchnerinnen-Station kommen. Seine Brüder und Alex konnten dort ungestört mit ihm schmusen. Wir machten viele Fotos, als jeder endlich die Gelegenheit hatte, ihn im Arm zu halten. Die Jungen saßen auf einem Sessel und hielten ihn zwischen sich. Sie glühten vor Stolz. Wieviel Spaß sie zusammen haben würden, und was für tolle Spielkameraden sie sein würden! Oliver war drei, Jamie knapp zwei Jahre alt, und Supi war noch immer drei Wochen vor seinem errechneten Geburtstermin, wurde aber von Tag zu Tag größer und kräftiger. Die Hebamme, die mich entbunden hatte, kam zu Besuch. »Ganz schön gewachsen«, kommentierte sie lachend. »Es wird nicht lange dauern, dann werden die drei wie die Gänse hinter Ihnen hermarschieren.«

Ich war froh, daß wir endlich alle zusammen waren. Meine drei Söhne.

Einige Tage später gab ich einer Zeitschrift ein Interview. Die Reporterin meinte, es würde nur zwei Minuten dauern, weil ich nur einen vorgefertigten Fragebogen beantworten sollte.

»Worauf sind Sie besonders stolz?« fragte das Mädchen am anderen Ende des Telefons.

»Auf meine drei gesunden Jungen.«

»Und wovor haben Sie besondere Angst?«

»Sie zu verlieren«, lautete meine prompte Antwort.

Ich konnte damals noch nicht ahnen, wie schrecklich ironisch dieser einfache Satz einmal klingen würde.

6. Kapitel

Sebastian erschien uns so winzig, als wir ihn mit nach Hause brachten, aber er hatte schon jetzt sehr viel Persönlichkeit. Er wußte genau, was er wollte, und setzte sich mit einer Ruhe und Bestimmtheit durch, die uns später zu der Vermutung veranlaßte, er würde der Diplomat in der Familie. Erstaunlich, wie tief einen schon kleine Babys durch ihren Charakter beeindrukken können. Supi saß oft mitten im Zimmer in seiner Wippe und führte das Kommando. Wenn seine beiden Brüder sich stritten, gurgelte oder hustete er, zog sofort ihre Aufmerksamkeit auf sich und nahm der Auseinandersetzung so die Spitze.

Oliver hatte die Geburt seines Brüderchens ungeduldig erwartet. Jetzt genoß er, daß Supi da war, und half mir zugleich aufgeregt und neugierig beim Windelwechseln und beim Füttern. »Warum steht sein Bauchnabel ab?«

Jamie hingegen fühlte sich aus seiner Babyrolle verdrängt. Er trank nachts immer noch aus der Flasche, aber jetzt wollte er sie am liebsten den ganzen Tag über mit sich herumtragen. Es gab keinen Zweifel, er war eifersüchtig oder zumindest mißtrauisch. Aber er ließ es nur uns Erwachsene spüren, indem er mehr Zärtlichkeit und mehr Liebe forderte. Und es gefiel ihm natürlich überhaupt nicht, wenn wir das Baby im Arm hielten.

Manchmal, wenn ich Supi fütterte und froh war, daß die beiden anderen mit Alex beschäftigt waren oder gerade etwas aus Lego- oder Duplosteinen bauten, beobachtete ich Jamie aus den Augenwinkeln. Oft ertappte ich ihn, wie er mir mit einer Spur von Unmut zusah. Er wird sich schon daran gewöhnen, sagte ich mir dann. Wenigstens zeigte er Supi gegenüber nicht die geringste Feindseligkeit, und solange ich ihn nicht auf dem Arm hatte, war alles okay. Mit der Zeit wurde Jamie dann eine große Hilfe beim Füttern. Schließlich verstand er etwas von Babyflaschen. Und auf Autofahrten half Jamie, Supi den Schnuller wieder in den Mund zu stecken, wenn er herausgefallen war.

Nachdem wir zwei Wochen zu Hause waren, bekam Supi eine Erkältung. Bei seiner mangelnden Reife und seinen Atemproblemen hätten wir darauf gut verzichten können. Aber mit zwei älteren Brüdern, die schon in den Kindergarten gingen, war es kaum zu vermeiden, daß er sich einen Virus einfing. Es war eine anstrengende Zeit für mich. Supi schlief in einem Kinderbettchen direkt neben meinem Bett. Ich erhöhte das Kopfteil, so daß er nun fast senkrecht lag, und befeuchtete das Zimmer, bis die Tapete sich von den Wänden löste. Während der schlimmsten Schnupfenphase blieb ich fast die ganze Nacht über wach und hielt Sebastian aufrecht. Aber sobald es ihm ein wenig besser ging, lagerte ich ihn auf ein Kissen in seinem Bettchen und bastelte aus Laken eine Art Zelt, um die Feuchtigkeit möglichst von den Wänden fernzuhalten. Ich versuchte zwar, ihn ständig zu bewachen, doch oft fielen mir dabei die Augen zu. Wenn ich Stunden später aufwachte, schlief Supi zufrieden unter seinem Zelt. Aber er rutschte oft die Schräge hinunter und befand sich dann in einer merkwürdigen Kniehaltung am unteren Ende der Wiege.

Im Kleiderschrank neben dem Bettchen lag der Monitor, den wir nach unseren traumatischen Erfahrungen mit Jamie dort verstaut hatten. Selbst während Supis schlimmster Erkältungsphase dachte ich keinen Moment daran, ihn herauszuholen.

Als die Erkältung fast vorüber war, brauchte ich dringend Schlaf. Also riefen wir zu Alex' Unterstützung eine alte Freundin an, ein Kindermädchen, das uns vor etwa zwei Jahren bei Jamie geholfen hatte. Anne Robinson hatte eine wunderbar sanfte Art, mit Babys umzugehen. Sie war selbst ein sehr ruhiger Mensch und konnte Babys stundenlang wiegen und ihnen etwas vorsingen. Supi liebte sie – und sie blieb ein paar Wochen bei uns.

Bei soviel Hilfe – auch die Großeltern kamen gerne vorbei, um uns zu unterstützen – waren wir fest entschlossen, Supi überallhin mitzunehmen. Wir reisten ein paar Tage in den Lake District, machten ausgedehnte Einkaufsbummel, sahen uns einen Festumzug an und verbrachten einen Tag im Tierpark, wo Oliver und Jamie begeistert die Tiere fütterten. Alles, was ihnen Spaß machte, gefiel auch Supi. Da ich keinerlei Fernsehverpflichtungen hatte und Mike sich seine Arbeitszeit als Leiter einer Sendeanstalt selbst einteilen konnte, waren wir viel unterwegs. Die Jungen hungerten nach neuen, aufregenden Erfahrungen.

Es wurde langsam Zeit, unsere Haushaltsplanung neu zu überdenken. Ich arbeitete nicht mehr – und wußte auch noch nicht, ob *TV Weekly* im Herbst wieder ins Programm genommen würde. Es war eine schwierige Entscheidung, aber uns wurde klar, daß wir kein Kindermädchen mehr brauchten und auch keines mehr bezahlen konnten. Die beiden größeren Jungen verbrachten die meisten Vormittage im Kindergarten, und bald würde Oliver den ganzen Tag dort sein. Es würde sicher nicht leicht werden, drei Kleinkinder zu beaufsichtigen – schließlich ist es das für niemanden –, aber ich freute mich trotzdem darauf.

Alex zeigte großes Verständnis und versprach, in Kontakt mit uns zu bleiben. Sie würde sich in Ruhe einen neuen Job suchen, denn ich bestand darauf, daß sie uns erst verließ, wenn sie eine Stellung fand, mit der sie rundum zufrieden war. Schließlich gibt man ein Goldstück nur ungerne her.

Supis Gesundheit war im großen und ganzen zufriedenstellend. Dennoch standen wir in ständigem Kontakt zu Dr. Rom, vor allem während Supis erster Erkältung.

Glücklicherweise hatten wir auch eine sehr gute Hausärztin, die ebenfalls Anne hieß. Sie kümmerte sich bereits um Oliver und Jamie und freute sich, nun auch für Supi zuständig zu sein. »In diesem Haus können Kinder glücklich aufwachsen«, sagte sie bei ihrem ersten Besuch, was mich sehr stolz machte. Wir machten uns ein bißchen Sorgen, weil Supi einen Ausschlag im Mund hatte und nicht mehr richtig trank. (Er bekam inzwischen Fläschchen, weil es mit dem Stillen doch nicht so geklappt hatte). Die Ärztin gab uns ein Antibiotikum, eine gelbliche Flüssigkeit, die nach Mandeln roch und süß und klebrig schmeckte. Viermal am Tag mußten wir einen Meßlöffel davon in Supis Mund träufeln. Sie schmeckte ihm nicht, aber die Infektion verschwand rasch.

Supi hatte auch etwas Probleme mit einem Hoden. Ich hatte den Eindruck, sein linker Hoden sei etwas geschwollen. Als ich Anne darauf aufmerksam machte, stimmte sie mir zu. Sie vermutete nur einen Flüssigkeitsstau, der weder gefährlich noch schmerzhaft für Supi war. Sicherheitshalber wollte sie mich aber an einen Spezialisten überweisen.

»Ist es eilig?« fragte ich sie.

»Nein«, antwortete sie. »Ich spreche mit einem Kollegen, in ein paar Tagen werden Sie dann eine Nachricht erhalten wegen des Termins.«

In der nächsten Woche kam der Brief, wir hatten inzwischen Ende Mai. Der Termin war am 15. August. Ich war ein wenig unsicher. Die gesundheitlichen Probleme unserer Kinder nahm ich immer sehr ernst, egal wie trivial sie sein mochten. Es war das erstemal, daß wir so lange auf einen Termin warten mußten. Aber wenn Supi keine Schmerzen hatte und es nichts Gefährliches war ... Ich beschloß zu warten.

Unser Schlafzimmer sah schrecklich aus. Die Tapete hatte mir nie gefallen, jetzt wellte sie sich und war völlig verfärbt. An den Ecken hatte sie sich bereits von der Wand gelöst, und über meinem Bett war ein Stück heruntergefallen. Wir wollten den Raum schon lange renovieren, jetzt schrie er regelrecht nach einem Anstreicher. Supis eigenes Zimmer stand schon lange bereit, ich hatte es noch während der Schwangerschaft fertig eingerichtet. Die Tapete war mit bunten Luftballons bedruckt, außerdem hatte ich die Griffe des Schranks und der Kommode wie kleine Ballons gestaltet. In der Mitte des Zimmers hing eine Lampe, die aussah wie ein Heißluftballon. Wir hatten sie aus Australien mitgebracht. Die großen Jungen hatten den

Raum als zusätzliches Spielzimmer genutzt, während wir auf Supi warteten. Jetzt war ihr Spielzeug verschwunden, dafür hatten wir Jamies altes Kinderbett vom Speicher geholt.

Ich hatte ein Nestchen und einen Bettbezug aus buntem Stoff genäht. Außerdem hatte ich eine neue Matratze gekauft, weil ich etwas über den Zusammenhang zwischen Plötzlichem Kindstod und alten Matratzen gelesen hatte. Schließlich wollte ich kein Risiko eingehen. Ich kaufte eine Matratze, die von beiden Seiten mit Baumwolle bezogen war, denn in dem Artikel hatte gestanden, daß vermutlich die PVC-Beschichtung so schädlich sei.

Auch die Bettdecke erstand ich neu und dazu ein Lammfell, auf dem Supi liegen sollte. Seit unser erstes Kindermädchen Debbie vorgeschlagen hatte, solch ein Fell für Oliver zu kaufen, um ihm seine Kolik-Nächte zu erleichtern, war ich ein großer Fan von Lammfellen. Debbie hatte damals erzählt, daß man sie im Krankenhaus benutzt, um den Babys ein besonderes Gefühl der Wärme und Geborgenheit zu geben.

Der Trend stammt aus Neuseeland und Australien, und viele behaupten, es sei lediglich eine geschickte Marketingstrategie der Schafwolle-Industrie. In Sydney lag fast jedes Baby im Kinderwagen auf einem solchen Fell, egal, wie heiß es war. Angeblich schwitzen die Kinder nicht, weil es sich um eine natürliche Haut handelt, die atmet.

Supi schien sein Fell zu mögen. Und offensichtlich gefiel ihm auch sein Zimmer. Denn jedesmal, wenn ich mit ihm hineinging, leuchteten seine Augen auf und er lächelte. Über seiner Wickelkommode baumelte ein Mobile aus bunten Teddybären. Seit dem Tod von Eric

Claptons Sohn waren unsere Fenster vergittert, so daß wir gefahrlos frische Luft hereinlassen konnten. Es wurde allmählich wärmer, uns schien ein schöner Sommer bevorzustehen. Alex war in Urlaub, und ich bekam einen Vorgeschmack auf das, was mich als Fulltime-Mutter dreier Kinder in Zukunft erwarten würde. Am anstrengendsten waren die Nachmittage, an denen die beiden großen Jungen zum Sport gebracht werden mußten. Der Trick bestand darin, daß sie gegessen und die Sportsachen angezogen haben mußten, noch bevor Supi aufwachte. Dann begann das Abenteuer. Unser Problem war, daß wir mitten in London wohnten und auf die wenigen Anwohnerparkplätze in der Gegend angewiesen waren. Es grenzte an ein Wunder, wenn wir überhaupt in der Nähe unseres Hauses parken konnten. Hatte man einmal einen solchen Parkplatz erwischt, gab man ihn ungerne wieder her. Aber es blieb einem nichts anderes übrig, wenn man die Kinder irgendwo hinfahren mußte. Es erforderte äußerst gute Nerven, zwei Kinder unter Kontrolle zu halten, dabei einen Babysitz samt Inhalt zu schleppen, die Autotüren aufzuschließen, die Kinder zum Einsteigen zu bewegen und mit der komplizierten Anschnalltechnik der Kindersitze zu kämpfen. Ich war jedesmal dem Nervenzusammenbruch nahe. Wenn es mir dann gelang, in der Nähe des Kindergartens einen Parkplatz zu ergattern, begann das ganze Spiel anschließend von vorne.

Danach ging es rasch nach Hause, denn um halb drei mußte Sebastian gefüttert werden. Das dauerte in der Regel eine halbe Stunde, dann mußte er gewickelt werden, und dann wurde es schon wieder Zeit, die Großen abzuholen.

Glücklicherweise sahen die anderen Mütter, die vor dem Kindergarten warteten, genauso gestreßt und aufgelöst aus wie ich. Nur eine, Cathrine Bailey, die Frau eines Fotografen, sah auch in Alltagskleidung und ungeschminkt so aus, als käme sie gerade von einem Laufsteg in Mailand.

Die Nachmittage waren schon hektisch, aber das richtige Chaos brach erst zur Schlafenszeit aus. Mike renovierte gerade unser Schlafzimmer, deshalb stellte ich Supis Babywippe in die Mitte des Flurs, damit er sich mit seinem Vater unterhalten konnte, während ich Oliver und Jamie badete. Er genoß es, Mike zuzusehen, wie er die Leiter durch den Raum schob, die Tapete von der Wand riß und dabei vor sich hinpfiff. Häufig lief auch das Radio, und Supi schien das zu mögen. Seine Augen leuchteten vor Begeisterung, und oft strampelte er so heftig, daß er seine Söckchen verlor.

Bis ich die großen Jungen schließlich mit der Unterstützung von Brahms' Wiegenlied im Bett hatte, waren Mike und Supi schon hinunter in die Küche gegangen. Wenn ich die Treppe hinabkam, hörte ich Mike mit seinem jüngsten Sohn plaudern, während er sein ganzes kulinarisches Talent auf ein Paket frische Pasta, eine Dose Tomatensoße mit Mascarpone und einen grünen Salat mit Haselnußöl konzentrierte. Das war unser liebster Schnellimbiß. Supi saß in seinem Sitz, während wir aßen, und begleitete unsere Gespräche mit fröhlichem Gurgeln.

Er war liebenswert und umgänglich. Und er sah oft so erfahren aus. Ich habe Mike im Umgang mit einem Baby nie so entspannt erlebt. Natürlich liebt er alle seine Kinder, daß weiß ich. Aber er schien immer zu den Vätern zu gehören, die mehr mit Kindern anfangen können, wenn sie größer sind und man etwas Sinnvolles mit ihnen machen und mit ihnen reden kann. Mit Supi war das ganz anders.

Es ist merkwürdig, es heute zu beschreiben, es klingt so sentimental. Aber ich erinnere mich noch daran, wie er an einem dieser Tomaten-und-Mascarpone-Abende seinen kleinen Sohn ansah und sagte: »Er ist wirklich erstaunlich ...«

Auch ich hatte diesen Eindruck. Nicht daß wir ihn mehr liebten als unsere beiden anderen Söhne. Ich könnte nie eine dieser Mütter sein, die zwischen ihren Kindern Unterschiede macht. Ich finde das grausam, schließlich hat jedes Kind das gleiche Recht auf Liebe. Jedes Kind mag einen völlig anderen Charakter haben, aber jedes Kind hat besonders liebenswerte Eigenschaften, und es liegt an den Eltern, diese zu entdecken und den Kindern zu helfen, sie zu entfalten.

Es war nur so, daß Supi auf bestimmte Weise einzigartig zu sein schien. Er hatte eine ungewöhnliche Anziehungskraft, wie ein wärmendes Licht. Er strahlte Glück aus, und sein Lachen war ansteckend. Vielleicht lag es daran, daß wir seinen Kampf ums Überleben im Brutkasten miterlebt hatten. Vielleicht erschien er uns deshalb wie ein Wunder, und vielleicht war uns sein Leben deshalb so kostbar. Es fiel uns schwer, ihn abends ins Bett zu bringen. Aber er freute sich jedesmal so sehr über die Luftballons in seinem Zimmer, daß ich ihn guten Gewissens alleinlassen konnte, auch wenn er noch nicht eingeschlafen war. Er hatte ein Lieblingsspielzeug, eine Spieluhr mit Elefanten, die ich immer in die Ecke seines Bettchens stellte. Sebastian lag dann auf dem Bauch, die Arme ausgestreckt und sah mit großen Augen den kleinen tanzenden Elefanten zu, bis er einschlief. Ich hörte seine Atemzüge über das Babyphon und wußte, daß es ihm gutging. Und mit drei Monaten schlief er bereits durch, oft elf oder zwölf Stunden. Er machte keinerlei Schwierigkeiten.

Morgens weckte er uns mit präziser Zuverlässigkeit um zehn Minuten vor sieben. Er bekam ein halbes Fläschchen Milch, dann badete ich ihn, dann trank er die zweite Hälfte und danach schlief er nochmal eine Stunde. Er hatte jeden Morgen denselben Rhythmus. Ich kannte ihn gut und richtete mich danach. Und während er schlief, weckte ich die großen Jungen und frühstückte mit ihnen.

Das Familienleben zu fünft begann Gestalt anzunehmen. Alex hatte eine neue Stelle gefunden und blieb nur noch wenige Wochen bei uns. Es war genau der richtige Zeitpunkt, um Ferien zu machen, fanden wir.

Wir beschlossen, nach Düsseldorf zu reisen und Mikes ehemaliges Kindermädchen zu besuchen. Nach dem Krieg war Mikes Vater als Soldat in Deutschland stationiert gewesen. Damals hatten sie das deutsche Kindermädchen kennengelernt, das zu einer lieben Freundin der Familie wurde. Mike fuhr zuerst nach Deutschland, und die Kinder, Mikes Eltern und ich folgten mit dem Flugzeug. Maria und Mike holten uns am Flughafen ab. Zwei Tage später verließen wir Mikes Eltern und Maria, packten die Kinder ins Auto und fuhren weiter nach Straßburg. Dort wollten wir ein paar Tage bei meiner jüngeren Schwester und ihrem Mann verbringen.

Louise und Colin hatten sich bei einer Kaufhauskette kennengelernt, wo Louise als Personalleiterin arbeitete und Colin als Manager. Wenig später bot man Colin die Leitung einer Niederlassung in Straßburg an. Sie beide betrachteten es als große Herausforderung, aber für meine Schwester bedeutete es, ihren eigenen Job aufzugeben. Sie vermißte die Arbeit immer noch ein bißchen, aber inzwischen genoß sie auch das Leben in Straßburg. Es war eine faszinierende Stadt, und Mundolsheim, der Vorort, in dem sie lebten, war ausgesprochen hübsch.

Offenbar dachten die beiden jetzt auch über die Gründung einer Familie nach. Colin fütterte Supi, während wir anderen Oliver und Jamie unterhielten, das Auto ausluden und uns in den Gästezimmern einrichteten. Louise und ich standen schweigend im Flur vor dem Wohnzimmer und sahen zu, wie Colin das Baby wiegte.

»Er macht das sehr gut, nicht wahr?« sagte ich.

»Ja ...« Louise nickte. »Ich glaube, er hätte gerne eigene Kinder.«

Während der nächsten Tage genoß Supi die besondere Aufmerksamkeit seiner Tante und seines Onkels. Wenn ich mir heute das Video von damals ansehe, hält ihn immer einer von den beiden auf dem Arm. Aber meine Aufnahmen sind so kurz und hektisch. Unser Leben war sehr schnell, und ich habe mir nie richtig Zeit zum Filmen genommen. Sobald die Kamera Supis Gesicht erfaßte, war sie auch schon wieder fort, es gibt keine einzige Großaufnahme von ihm. Aber damals ahnte ich ja noch nicht, wie wichtig mir das einmal sein würde. Heute habe ich ständig das Bedürfnis, das Video anzuhalten, das Bild festzuhalten und diese glücklichen Augenblicke von damals noch einmal nachzuempfinden.

Es wurde nun – nach all den Aufregungen der vergangenen Monate – Zeit zu überlegen, wo wir unseren diesjährigen Sommerurlaub verbringen sollten. Und was bot sich da mehr an als Zypern, das Land, in dem Supi gezeugt worden war.

7. Kapitel

Wir genossen unsere Ferien auf Zypern sehr. Wir hatten alles: drei wunderbare Söhne, weniger Geld- und Jobsorgen als die meisten Leute und sehr viel Liebe. Unsere Unternehmungen paßten sich im großen und ganzen dem Rhythmus unserer Kinder an. Vor allem dem Sebastians, denn er war mit vier Monaten der kleinste. Seine Fütter- und Schlafzeiten bestimmten, wann wir anderen schwammen, aßen und schliefen. Ich sehe ihn noch vor mir, fest schlafend im Schatten, während seine großen Brüder am Swimmingpool mit Legosteinen spielten, oder mit seinem Sonnenhut und einem Klecks Sonnenschutzmittel auf der Nase im Kinderwagen sitzend und uns beim Essen in einer Taverne zusehend.

Mike und ich hatten diesmal auch eine Art Geschäftstermin, für den wir in die eine Stunde entfernte Hauptstadt Nicosia fahren mußten. Wir würden nachmittags zum Schwimmen zurücksein, und die Kinder würden kaum merken, daß wir fort waren. Alex würde sie füttern, Supi in den Schlaf wiegen, mit den anderen beiden ein Lego-Raumschiff bauen, die Windeln wechseln und ihnen in die Badehosen helfen, bis wir zurück wären.

Als wir ein paar Kilometer außerhalb von Limassol waren, begann ich zu weinen. Wenn ich im Auto sitze, ist mir die Entfernung zwischen mir und meinen Kindern zu groß und wächst zu schnell. Mike lächelt dann jedesmal verständnisvoll und vertreibt meine Tränen mit tröstenden Worten und praktischen Ratschlägen. Viele Väter verstehen das Gefühl, aber sie hatten nie diese enge körperliche Beziehung zu ihrem Kind, die Mütter auch dann nicht verlieren, wenn die Nabelschnur längst durchtrennt ist.

Ich denke immer an meine Kinder, wenn ich im Auto sitze, vor allem dann, wenn ich gefahren werde und Zeit zum Nachdenken habe. Und nach zehn Minuten Fahrt breche ich regelmäßig in Tränen aus. Ganz besonders schlimm wird es, wenn ich an einer Unfallstelle vorbeikomme und auch noch Mike neben mir sitzt.

Was ist, wenn die Kinder uns brauchen und wir kilometerweit weg sind? Was ist, wenn wir einen schrecklichen Unfall haben? Wer würde ihnen die Nachricht überbringen? Wie würden sie damit fertigwerden? Und dann stelle ich mir vor, wie sie ohne Eltern aufwachsen müssen. Wie oft war ich nahe daran, das Auto zu wenden, aber ich habe es nie getan. Meine Vernunft sagt mir, daß alle Mütter diese Ängste haben und alle Eltern lernen müssen loszulassen.

Wir hatten eine Verabredung mit einem Unternehmer, der sehr hübsche Kinderkleidung herstellt. Er war ein typischer Zypriote, er liebte Kinder und erzählte uns voller Stolz von seinen eigenen. Wir schauten uns seine Entwürfe und Kollektionen an, denn ich hatte vor, eine eigene Kollektion mit Kinderkleidung unter meinem Namen zu entwerfen. Das würde Oliver gut stehen, überlegte ich. Und Jamie wird in dieses Stück bald hineinwachsen. Nur für Supi gab es nichts Passendes. Ich bat um einige Musterstücke für meine Kinder.

Während des ganzen Rückwegs konnte ich es kaum erwarten, die Jungen wiederzusehen, die uns natürlich kaum vermißt hatten. Sie probierten gleich ihre neuen Sachen an, außer Supi, der sich ohnehin in Pampers und T-Shirt am wohlsten fühlte. Während er sein Nachmittagsschläfchen hielt, holte ich die Videokamera und machte ein paar Aufnahmen von uns, wie wir Coca-Cola tranken und uns etwas Wärmeres für den Abend anzogen. Ich befestigte das Moskitonetz über Supis Bettchen, dann machten wir einen kurzen Spaziergang und sahen uns die Sprinkler an, die den ausgetrockneten Rasen des Hotels mit Wasser besprengten.

Sonntags fuhren wir zu einer Taverne in den Bergen, um dort zu Mittag zu essen. Hoch über dem Meer, mit einem herrlichen Ausblick über die Insel, liegt das Dorf Pissouri. Das Dörfchen galt lange als Geheimtip, der sich inzwischen jedoch unter den Touristen herumgesprochen hatte.

Die Taverne, die wir bereits von früheren Besuchen kannten, hatte einen vollkommen mit Wein bewachsenen Innenhof, in dem das Essen serviert wurde. Wir setzten uns an einen der größeren Tische. Auf der landestypischen rot-weißen Tischdecke standen Körbe voller Brot, Schüsseln mit Tzatziki und Tarama. Wir genossen ein vorzügliches zypriotisches Lamm und ließen die Zeit verstreichen. Als die Kinder schließlich keine Lust mehr hatten, Fliegen aus ihren Gläsern zu fischen und mit der Sonnenbrille ihres Vaters zu spielen, wurde es Zeit zum Aufbruch. Die Frau des Besitzers verabschiedete uns und küßte die Kinder. Als wir durch den mit Bougainvillea bewachsenen Torbogen zum Auto gingen, hielt sie uns zurück.

»Wartet«, rief sie wild gestikulierend. »Ich mache ein Foto von euch.« Sie machte einen Schnappschuß, es ist unser einziges Bild, auf dem wir alle fünf zu sehen sind. Supis Gesicht ist zwar nicht zu erkennen, weil ich ihn an meine Schulter halte. Aber ich hüte dieses Bild wie einen Schatz.

Ein paar Tage später flogen wir zurück nach Hause. Wie immer nach einem Urlaub brachten wir Unmengen schmutziger Wäsche mit, die mich in den nächsten zwei Tagen beschäftigen würde. Außerdem hatte ich mit den Vorbereitungen für Olivers Geburtstagsfeier zu tun. Er wurde in wenigen Tagen vier. Ich schleppte tütenweise Papiertischdecken, bunte Hütchen, Luftballons, bunte Kuchen und Schokoladenteddys heran.

Dann war alles bereit. Es war der 11. Juli, es war warm und sonnig. Alex machte sich auf den Weg, um ein Geburtstagsgeschenk für Oliver zu kaufen, einen großen roten Roller, den er sich so gewünscht hatte.

Wir warteten, bis die Jungen an diesem Abend im Bett waren, ehe wir den Roller zusammenbauten. Alex saß auf dem Boden und breitete alle Einzelteile, einschließlich Schrauben, Muttern und der japanischen Bauanleitung erst einmal vor sich aus. »Herrje«, jammerte sie. »Das macht doch überhaupt keinen Sinn.«

Wir lachten, und Mike stand auf, um seinen Werkzeugkasten aus dem Gartenhäuschen zu holen. Ich fütterte Supi mit einer zerdrückten Banane, anschließend bekam er noch eine Flasche Milch.

»Na also!« Triumphierend hob Alex den roten Roller in die Höhe. »Das wäre geschafft. Wie verpacken wir ihn denn jetzt am besten, damit Oliver nicht sofort sieht, daß es ein Roller ist?«

Supi sah ihr zu und begann zufrieden zu strampeln. Er schien genauso aufgeregt zu sein wie wir alle. Ich setzte ihn auf meine Knie. »Das ist ein Roller, Supi«, flüsterte ich ihm ins Ohr. »Vielleicht wirst du ihn später einmal erben.«

Und dann brachte ich ihn hinauf ins Bett. Ich erinnere mich noch so genau an diesen Abend, weil mir alles so perfekt vorkam. Als ich Sebastian in sein Zimmer trug, kuschelte er sich an meine Schulter. Es war noch recht warm im Zimmer, deshalb öffnete ich das Fenster einen Spalt, um frische Luft hereinzulassen. Und dann legte ich Supi hin, auf den Bauch, auf sein Lammfell. Ich zog seine Spieluhr auf, und er hob den Kopf und lachte über die tanzenden kleinen Elefanten.

Er trug nur ein T-Shirt und eine Windel. Ich überlegte kurz, ob ich ihn zudecken sollte. Nein, es war warm genug, entschied ich dann. Ich würde später noch einmal nach ihm sehen.

Also sagte ich ihm gute Nacht und ließ die Tür einen Spalt offen. Er war es gewohnt, alleine einzuschlafen, und schrie so gut wie nie, wenn er im Bett lag.

Ich schaute kurz in das Zimmer der beiden anderen. Sie schliefen ebenfalls tief und fest. Dann ging ich wieder nach unten und stellte das Babyphon ein. Ich hörte die letzten Takte der Spieluhr und dann Supis ruhige Atemzüge.

Ich schaute an diesem Abend noch ein paarmal nach den Kindern, ehe Mike und ich gegen elf Uhr ebenfalls ins Bett gingen. Ich nahm das Babyphon mit und stellte es neben mein Bett, wo auch der Wärmer für Sebastians Morgenfläschchen stand. Dann regulierte ich die Lautstärke.

»Er atmet heute abend ein bißchen schwerer als sonst«, bemerkte Mike. Ich hörte genauer hin. Ja, er schien etwas mehr zu schnarchen als üblich, aber das war nicht weiter beunruhigend. Vielleicht brütete er wieder eine Erkältung aus.

8. Kapitel

Es war ein schöner, warmer, heller Sommermorgen. Ich sah auf die Uhr. Zehn vor sieben, Supi würde gleich aufwachen. Mike war schon in der Küche, um Tee zu kochen. Er brachte mir eine Tasse herauf, dazu eine Flasche Babymilch aus dem Kühlschrank. Ich stellte sie in den Wärmer und schaltete ihn ein.

»Was für ein toller Tag«, seufzte ich und freute mich, daß wir für unsere Geburtstagsparty so ein Glück mit dem Wetter hatten. Würstchen und Kartoffelsalat auf dem Rasen störten mich nicht, auf dem Teppichboden waren sie mir weniger recht. Eine Party in der Wohnung mit so vielen Kindern war ein Alptraum. Aber anscheinend hatten wir ja Glück.

»Freu dich nicht zu früh«, warnte Mike. »Es könnte ein Gewitter kommen. Vielleicht sollten wir uns ein Zelt leihen.«

Wir hatten einen Garten mitten in London, und ich hatte noch nie daran gedacht, daß er groß genug sein könnte für ein ganzes Zelt.

»Wie klein sind denn diese Zelte?« fragte ich.

»Keine Ahnung«, antwortete Mike. »Ich gehe nachher hinaus und messe den Rasen aus. Ist Ollie schon wach?«

Wir zogen uns beide an und liefen die Treppe hinauf ins Zimmer der großen Jungen. Wir konnten sie schon von außen aufgeregt reden hören. Oliver strahlte über das ganze Gesicht, als wir hereinkamen und »Happy Birthday« sangen.

»Deine Geschenke sind unten«, erklärte ich ihm. »Zieh dich schnell an.«

Ich wollte nur kurz nach Supi sehen. Es wunderte mich ein bißchen, daß er noch nicht wach war. Die Großen riefen fröhlich durcheinander, als ich die Tür zu Supis Zimmer öffnete. Supi schlief noch tief und fest, sein Arm hing aus dem Bettchen heraus; er hatte sein Gesicht weggedreht und den Kopf gegen die Gitterstäbe gedrückt. Er war von dem Lammfell heruntergerutscht und lag am linken oberen Matratzenrand. Das tat er in letzter Zeit öfter, er versuchte zu krabbeln.

Ich überlegte, ob ich ihn noch ein paar Minuten in Ruhe lassen sollte, um rasch zu duschen. Ich würde mich nur vergewissern, daß alles okay war ...

Ich ging zu ihm hinüber und berührte sacht seinen herausbaumelnden Arm. Er war kalt. Aber Arme, die aus dem Bett heraushängen und nicht zugedeckt sind, sind oft ein bißchen kalt. Ich beugte mich vor und berührte seinen anderen Arm. Er war ebenfalls kalt. Eiskalt. Ich hob seine kleine Hand – und mein Herz setzte aus.

Sein ganzer Körper wurde mit dem Arm hochgezogen. Sein Kopf, seine Schultern, seine Brust – alles. Er war starr. Wie die Marmorstatue eines kleinen Babys im Bett. Er war kalt wie Stein. Ich ließ seine Hand auf das Laken zurücksinken und ging einen Schritt zurück.

Ich hörte die Jungen hinter mir ins Zimmer kommen. Ich drehte mich in die Richtung, wo Alex stand. »Das Baby ist tot«, hörte ich mich sagen, und dann lauter: »Das Baby ist tot.«

Alex blieb ungläubig stehen. Die Jungen sahen mich an. Sie konnten es noch nicht verstehen.

»O Gott, das Baby ist tot«, sagte ich noch einmal. Und diesmal wußte ich, daß es stimmte, denn ich hörte meine Worte ganz genau. »Wo ist Mike?«

»Er ist im Garten, glaube ich ...« Alex stotterte hilflos, und dann begannen Oliver und Jamie markerschütternd zu schreien.

Ich lief ans Fenster. Unten im Garten konnte ich Mike sehen, der den Rasen ausmaß. Ich schrie seinen Namen, lauter als ich je in meinem Leben geschrien hatte, und rüttelte an den Gitterstäben vor dem Fenster. Ein Stab löste sich. Ich hämmerte gegen die Fensterläden – jetzt endlich schaute er auf. In seinem Gesicht lag Verwunderung und im nächsten Moment blankes Entsetzen. Er rannte los.

Ich drehte mich wieder zum Bettchen um. Ich hatte noch nie einen toten Menschen gesehen. Aber ich kannte den Tod, früher in meiner Kindheit hatte ich oft tote Tiere gesehen. Ich kannte die hoffnungslose, verzweifelnde, lähmende Endgültigkeit der Totenstarre – die jetzt mein kostbarer kleiner Sohn hatte. Ich hob ihn hoch und drückte ihn an mich. Die Kälte seines Körpers ließ mich frösteln. Der Hinterkopf, den ich immer mit meiner Hand stützte, fiel wie ein Stein zurück, an der Stelle, wo er gegen die Gitterstäbe gedrückt war, war ein kleiner roter Fleck. Ich hielt seinen Körper so, daß ich in sein Gesicht schauen konnte. Es war ganz zerknittert, weil er darauf gelegen hatte. Und es war blaß, totenblaß.

Mein Supi, mein kleiner Junge. Ich zog ihn enger an mich. Mein kleiner Supi, tot ... Ich sank auf den weißen Korbsessel am Ende des Bettes. Ich konnte es nicht glauben. Es war, als liefe um mich herum ein Film ab. In Filmen brechen die Menschen in solchen Situationen zusammen, oder sie erleiden einen Schock. Im wirklichen Leben ist das anders. Alles geht einfach weiter, man spürt den wachsenden Schmerz und die zunehmende Gewißheit.

Ich hörte Mike die Treppe heraufrennen. »Was ist passiert?« rief er atemlos, und Alex antwortete tonlos: »Das Baby ist tot.« Die Jungen weinten, wimmerten und schluchzten.

Mike stürzte keuchend ins Zimmer. Ich schaute ihn an. Ich hielt Supi immer noch an mich gedrückt, aber seine kleinen Arme waren steif und erwiderten meine Umarmung nicht. Mike sagte mir später, daß er den grotesken Anblick nie vergessen werde, wie ich diese kleine Statue mit den abstehenden Armen wiegte.

»Er ist tot«, rief ich. »Oh Mike, er ist tot ...« Und dann kamen die Tränen, als ich endlich die Wahrheit begriff.

In Mikes Gesicht stand der Schock. »Können wir ... Gibt es denn nichts, was wir tun können ...?«

»Nein«, schluchzte ich. »Er ist tot, Mike ... er ist schon lange tot.«

Ich weiß nicht, wie lange wir uns einfach nur aneinanderklammerten, das leblose Baby zwischen uns, bis Mike meinte, wir müßten die Polizei anrufen. Ich hörte, wie er Alex bat, Oliver und Jamie nach unten zu bringen und zu versuchen, ihnen Frühstück zu geben. Ich drückte Supi noch fester an mich, und die Kälte bohrte sich in meine Brust. Ich streichelte den feinen Flaum auf seinem Kopf – er verlor langsam das dunkle Haar, mit dem er auf die Welt gekommen war und wurde blond –, aber die Kopfhaut darunter war eiskalt.

Immer noch hatte ich den Eindruck, als liefe um mich herum ein Film ab. Alles geschah im Zeitlupentempo und erschien mir ganz verschwommen. Und fast konnte ich mich und mein Kind sehen, verwirrt und hilflos. Mike kam immer wieder, um nach mir zu schauen, während er sich gleichzeitig um die Jungen und Alex kümmerte, die Polizei anrief, einen Arzt und meine Freundin Shirley.

Er hatte seit mehr als zwei Jahren nicht mit Shirley gesprochen. Vor ganz langer Zeit hatten sie sich gut verstanden, aber dann hatte Mike nach einem schrecklichen Streit mit Shirley beschlossen, daß er nichts mehr mit ihr zu tun haben wollte. Für mich war das sehr schmerzhaft gewesen, weil wir beide enge Freundinnen waren. Also trafen wir uns ohne Mike, häufig tagsüber, wenn er arbeitete. An diesem schrecklichen Morgen war eine seiner ersten Ideen, sie anzurufen. Aber er hatte ihre Telefonnummer nicht, die Nummer, die in seinem Notizbuch stand, stimmte nicht mehr. Das galt auch für die Nummer, die in unserem Telefonregister stand. Mike war hektisch, er wußte, daß er sie finden mußte. Ich glaube, er hatte Angst, ich würde völlig zusammenbrechen.

Er rief die Polizei an, die sofort einen Beamten schicken wollten. Und dann rief er unseren Freund Peter Wheeler, den Arzt, an. Seine Frau Gilly kam ans Telefon. Peter war bereits in die Praxis gefahren. Gilly verschwendete keine Zeit mit Tränen und Mitleidsbekundungen. »Ich werde ihn sofort benachrichtigen«, versprach sie. Und innerhalb von zwei Minuten rief er von seinem Auto aus an.

Für Peter muß dieser Rückruf schrecklich gewesen sein. Die Erfahrung, die er selbst vor zwei Jahren mit dem Plötzlichen Kindstod gemacht hatte, war ihm sehr nahe gegangen. Als Vater von vier Kindern hatte er mir einmal gesagt, er könne sich nichts Schlimmeres vorstellen.

»Du weißt, daß ich nichts tun kann«, warnte er Mike.

»Ja, aber bitte ... komm wegen Anne ...«, flehte Mike ihn an.

Gerade als Mike den Hörer aufgelegt hatte, klingelte das Telefon erneut. Es war Shirley. Ihr war es ein wenig unangenehm, daß Mike am Apparat war. »Oh, eh ... hallo Mike«, stammelte sie. »Kann ich Anne bitte sprechen? Ich wollte Oliver zum Geburtstag gratulieren.«

Sie hatte ja nicht mit Mikes erleichterter Reaktion rechnen können. »Shirley, Shirley ... Gott sei Dank rufst du an! Bitte komm, bitte komm sofort. Shirley, unser Baby ist tot!«

»Ich bin in einer halben Stunde bei euch«, versprach sie. Sie hatte bereits ein Taxi gerufen, weil sie zu einer Verabredung mußte und vorher eigentlich nur rasch mit Oliver sprechen wollte. Aber jetzt war sie auf dem Weg zu uns, um uns zu helfen. Und wir brauchten sie.

An der Haustür klingelte es. Es war der Polizist. Er kam sofort herauf, Mike begleitete ihn in Supis Zimmer. Ich saß immer noch in dem weißen Sessel und wiegte unser Baby. Der junge Polizist blieb einen Moment an der Tür stehen. Dann zog er den Helm ab, und ich konnte sehen, daß in seinen Augen Tränen schimmerten. Er hielt mir die Hand hin.

»Es tut mir so leid ...«, sagte er, und dann zog er die Hand zurück, um sich eine Träne von der Wange zu wischen. »Es tut mir so schrecklich leid. Wissen Sie, uns ist dasselbe passiert ... « Und dann übermannten ihn die Tränen.

Diesmal streckte ich tröstend die Hand aus. Weder ich noch er wußten etwas zu sagen. Sein Name war Ken Wake, und das Schicksal hatte ihn grausamerweise dazu bestimmt, zu uns zu kommen, nur kurze Zeit, nachdem er sein eigenes Kind durch Plötzlichen Kindstod verloren hatte. Mike stand hinter ihm, kaum in der Lage, das alles zu verkraften. Dann legte er dem Polizisten den Arm um die Schulter.

Später, als sie nach unten gegangen waren, kam Shirley herein. Sie zögerte erst, doch dann kam sie mit ausgestreckten Armen auf mich zu.

Ich hatte Supi wieder in sein Bettchen gelegt. Ich hätte ihn gerne auf den Rücken gelegt, um ihn anzuschauen, aber so wirkte er noch starrer. Außerdem konnte ich sein zerdrücktes Gesichtchen nicht ertragen, es war ein schrecklicher Anblick. Deshalb legte ich ihn wieder so hin, wie er gestorben war.

Peter Wheeler, unser Arzt, erschien. Er stand schweigend im Zimmer und lehnte sich unbeholfen gegen den Wickeltisch. Er murmelte etwas von Babys, die zu atmen vergessen, und fragte mich, ob ich eine Schlaftablette haben wollte. Ich lehnte ab. Ich empfand ihm gegenüber eine seltsame Mischung aus Mitleid und Ungeduld wegen seiner Hilflosigkeit. Zum erstenmal wurde mir klar, daß Ärzte nicht die Halbgötter waren, für die ich sie immer gehalten hatte. Sobald sie einer Situation gegenüberstehen, für die sie nicht ausgebildet sind, wie zum Beispiel dem Tod, benehmen sie sich genauso hilflos wie jeder andere Mensch.

Mikes Schwester Sue kam und setzte sich neben mich. Wir setzten uns beide auf den Boden neben das Bettchen. Ich streichelte Supis Hand. Wie gerne wollte ich ihn in den Armen halten, und doch war es so schmerzhaft, wenn ich es tat.

»Ich weiß, es klingt blöd«, vertraute ich Sue an, »aber ich möchte ihm Söckchen anziehen. Seine Füße sehen so kalt aus.« Seine Füße und Hände waren purpurfarben. Erschüttert sah ich auf das hilflose kleine Baby. Mein Instinkt drängte mich dazu, ihn auf den Arm zu nehmen und warmzuhalten.

»Es ist nicht blöd«, sagte Sue. »Wenn du ihm Söckchen anziehen möchtest, mach es ruhig.«

Ich ging zu der Schublade, wo ich seine winzigen Söckchen aufbewahrte. Schweigend streiften Sue und ich die kleinen weißen Socken über seine Füße. Aber er sah immer noch kalt aus. Ich nahm eine weiße Decke und hüllte ihn darin ein. Jetzt sah er warm und geborgen aus. Sue und ich setzten uns wieder auf den Boden – und weinten.

Wieder klopfte es an der Tür. Mike kam herein und stellte uns einen weiteren Polizisten vor, einen Beamten von der Kriminalpolizei. Er war freundlich, kondolierte uns und sah sich im Zimmer um. »War es die ganze Nacht hier so warm?« fragte er. Ich nehme an, daß es ziemlich warm war. Die Sonne schien, allerdings nicht direkt ins Zimmer, da das Fenster nach Süden ging und die Sonne erst nachmittags hierherkam.

»Das Fenster war die ganze Nacht auf«, murmelte ich. Erst später begriff ich, daß er Supi in seiner Decke gesehen hatte und annehmen mußte, er hätte die ganze Nacht so verbracht. Ich würde das alles später aufklären, sicher würde man mir ja noch eine Menge Fragen stellen.

Mike kam wieder zurück und überredete mich, Supi für kurze Zeit allein zu lassen und nach unten zu kommen. Ich griff nach seinem Arm. »Könnten wir ...? Ist es möglich ...? Könnten wir Supis Organe spenden?«

Das war etwas, was mir sehr wichtig war. Ich erinnerte mich jetzt an ein Interview, das ich einmal im Fernsehen gesehen hatte. Es wurde mit einer Frau geführt, die ihren Sohn bei einem Unfall verloren hatte. Er war zehn Jahre alt gewesen und von einer Mauer gestürzt. Sie sagte damals, die Entscheidung, seine Organe zu spenden, habe ihr über ihre Trauer hinweggeholfen. Sie habe so das Gefühl gehabt, ein Teil von ihm würde weiterleben und sein Tod habe wenigstens ein bißchen Sinn gemacht. Ich wollte gerne, daß auch Supi anderen Kindern half. Vielleicht konnte er dazu beitragen, daß ein blindes Baby wieder sehen konnte. Oder vielleicht konnte sein kleines Herz das Leben eines anderen Kindes retten. Ich dachte an unsere anstrengende Zeit auf der Intensivstation – und daran, wie sehr ich mir solche Hilfe gewünscht hätte, wenn man uns gesagt hätte, daß nur eine Transplantation Supis Leben gerettet hätte.

Ich war mir nicht sicher, ob mein Vorschlag Mike nicht verletzte. Aber er war froh, daß ich das Thema angesprochen hatte. »Ich werde mich erkundigen«, versprach er und machte sich auf die Suche nach dem Polizisten. Minuten später kam er kopfschüttelnd zurück. »Es ist zu spät, um seine Organe noch zu verwenden. Außerdem muß leider eine Obduktion vorgenommen werden.«

Ich hätte es gerne gesehen, wenn Supi die Gelegenheit gehabt hätte, anderen Babys zu helfen. Jetzt war ihm nicht nur das Leben, sondern auch diese Gelegenheit genommen worden. Es erschien mir noch grausamer.

Ich sehnte mich nach einem Bad. Noch immer in dem Gefühl, mich in einem Film zu bewegen, badete ich und wusch meine Haare. Shirley blieb bei mir. In ihrem Gesicht stand eine Mischung aus Trauer und Sorge um mich. Als ich mir schließlich die Haare fönte, war ich plötzlich von mir selbst abgestoßen. Wie konnte ich bloß so etwas Triviales und Egoistisches tun, nachdem doch gerade mein Baby gestorben war? Ich wandte mich an meine Freundin. »Ach, Shirley ... Mein Baby ist tot, und ich stehe hier und föne meine Haare.«

Ich ließ den Fön auf das Bett sinken, auf dem ich gerade saß. Es war so ein kleiner, unbedeutender Akt. Und dennoch schockierte es mich, daß ich ihn verrichten konnte. Es war die erste grausame Erkenntnis, daß das Leben weitergehen würde.

Nach meinem Bad zog ich mich an, dann ging ich in die Küche hinunter. In dem Moment, in dem ich ins Zimmer kam, fiel es mir auf: Der große, gelbe Vaporisator, der auf der Arbeitsfläche neben der Spüle gestanden hatte, war verschwunden. Eine von Alex' allmorgendlichen Aufgaben bestand darin, die Babyflaschen zu reinigen. Sie hatte Mike gefragt, was sie tun solle, und sie hatten übereingestimmt, die Flaschen und alle Babysachen fortzuräumen. Sie dachten, der Anblick dieser Dinge würde alle nur noch mehr schmerzen. Mir tat es weh, daß alles so schnell verschwunden war. Einige Verwandte und Freunde hatten sich mittlerweile eingefunden und kochten literweise Tee. Ich nahm eine Tasse an, bezweifelte jedoch, daß ich je einen Schluck hinunterbekommen würde.

Auch Alex' Freundin Sandra, die uns bei Supis Geburt ausgeholfen hatte, war gekommen. Mike hatte ihr die Tür geöffnet, und sie war ihm mit den Worten um den Hals gefallen: »Oh Mike, das ist der Alptraum jeder Mutter ...« Sue war ebenfalls noch da und Shirley und die zwei Polizisten. Wenig später trafen auch Mikes Eltern ein. Er hatte meine Eltern in Bournemouth ebenfalls benachrichtigt, und meine Mutter war schon auf dem Weg zu uns.

Mikes Gesicht wirkte sehr konzentriert, als er jetzt zum Telefon ging. Er hatte sich eine Liste der Personen gemacht, die die Todesnachricht von uns erfahren sollten und nicht über das Fernsehen oder das Radio. Einer der Polizisten hatte uns gewarnt, daß vor der Tür bereits eine Reporterin stand und sicher bald noch mehr kommen würden. Eine Journalistin vom *Daily Star* hatte Mike irgendwann zu Gesicht bekommen. Sie wollte wissen, ob das, was sie gehört habe, stimmte. Ja, hatte Mike gesagt. Und daraufhin hatte sie die klassische Frage gestellt: »Wie fühlen Sie sich jetzt?« Mike hatte sich nur wortlos umgedreht und leise die Tür geschlossen.

Von da an war keiner von uns mehr an die Tür gegangen. Mein Agent und Freund Jon Roseman kam, um seine Hilfe anzubieten. Er erzählte uns, er habe die Nachricht im Radio gehört, als er aus Sussex zu uns gefahren sei. Er fügte hinzu, daß sich inzwischen mehr als zwanzig Journalisten und Fotografen vor unserem Haus versammelt hätten. Er schaltete den Fernseher an. Fassungslos starrte ich auf das Bild von mir und Mike.

Es war auf irgendeiner Feier entstanden, wir lachten und scherzten. Der Nachrichtensprecher sagte etwas von einem Baby, das man tot aufgefunden habe.

Ich wollte wieder hinauf zu Supi gehen. Mike begleitete mich, und wir nahmen Oliver und Jamie mit uns. Ich setzte mich wieder auf den Boden, und die beiden Jungen blieben neugierig, aber schweigend stehen.

»Supi ist tot«, erklärte ich ihnen leise, und sie nickten. Aber ich war mir sicher, daß keiner von ihnen wirklich verstand, was »tot« bedeutete. Ich mußte ihnen erklären, daß Supi nicht einfach irgendwo verschwunden war. Und ich wollte nicht, daß ihr letzter Eindruck von ihm mein Weinen und meine Verzweiflung war.

»Schaut.« Ich schob sie sanft zum Bettchen. Sie konnten ihren kleinen Bruder sehen, den Kopf zur Wand gedreht, den linken Arm ausgestreckt. »Ihr könnt seine Hand anfassen. Seht ihr? Sie ist kalt, sehr kalt ..., und das ist so, weil kein Leben mehr in ihm ist.«

Oliver berührte Supis Hand, dann Jamie. Sie sahen beide sehr ernst und still aus.

»Seht ihr, und wenn ihr eure Hände auf seinen Rücken legt, merkt ihr, daß er nicht mehr atmet.«

Sie streichelten beide liebevoll über seinen Rücken. Es war so schwer zu verstehen. So viel aufzunehmen für einen Zwei- und einen Vierjährigen.

»Das passiert, wenn man tot ist. Man atmet nicht mehr, und der Körper wird ganz kalt. Es gibt kein Leben mehr. Supi wird nie wieder bei uns sein.«

Dann fiel mir etwas ein, was sie vielleicht begreifen konnten, denn wir hatten Weihnachten soviel darüber gesprochen. »Er ist jetzt im Himmel beim lieben Gott.«

Oliver sah vom Bettchen auf und schaute mich und Mike an. »Warum weint ihr denn?« fragte er leise.

Meine Augen füllten sich schon wieder mit Tränen, und mir wurde plötzlich klar, wie sensibel er war. »Weil es traurig ist, Oliver. Es ist sehr, sehr traurig. Wir lieben ihn doch so, oder nicht?« Die Jungen nickten. »Wir lieben ihn sehr. Und Mama und Papa sind traurig, weil er nicht mehr bei uns sein kann.«

Ich fragte die zwei, ob sie sich von Supi verabschieden wollten, und sie sagten ja. Oliver ging wieder zu seinem bewegungslos daliegenden kleinen Bruder. Er streichelte Supis Hand. »Auf Wiedersehen, Supi«, sagte er leise, als wollte er diesen Moment ganz für sich haben.

Jamie machte es ihm nach. Seine Berührung fiel etwas robuster aus. Jamie preßte Supis Hand, wie Kleinkinder es tun. »Auf Wiedersehen, Supi«, sagte auch er.

Ich war mir sicher, daß sie eines Tages froh darüber sein würden, sich richtig von Supi verabschiedet zu haben.

9. Kapitel

»Sollen wir einen Priester anrufen?« fragte mich Mike.

Er riß mich aus meiner Erstarrung, die mich wie ein blickdichter Vorhang vor der harschen Realität geschützt hatte. Aber ja, ich wollte, daß jemand kam und Supi die Sterbesakramente spendete. Wir beschlossen, daß ich die nächste katholische Pfarrei anrufen sollte. Ich war katholisch erzogen worden, und eine der christlichen Traditionen, die mich oft getröstet hatte, war das Anzünden einer Kerze.

Eine Straße weiter war eine sehr schöne Kirche. Zufällig lag ihr Haupteingang direkt gegenüber von unserem Supermarkt. Jedesmal, wenn ich einkaufen ging, lief ich mit den Kindern rasch in diese Kirche und zündete eine Kerze an. Sie mochten diesen Ort, die Stille und die geheimnisvollen Gesichter der Heiligenstatuen. Immer wenn wir etwas verloren hatten und es dringend zurückhaben mußten, zündeten wir vor Sankt Antonius eine Kerze an. Es lohnte sich fast immer ... Und seit Weihnachten, als sie im Kindergarten die Weihnachtsgeschichte gehört hatten, interessierten sich die Kinder vor allem für die Statue der Madonna mit ihrem Kind. Sie zündeten jedesmal so viele Kerzen für sie an, bis mein gesamtes Kleingeld aufgebraucht war.

Ich setzte mich an den Tisch, der Kriminalbeamte saß neben mir, und bereitete mich innerlich auf das

Telefongespräch vor. Ich wählte die Nummer. Eine forsche Stimme fragte: »Was kann ich für Sie tun?«

»Ich wüßte gerne, ob jemand zu uns kommen kann«, stammelte ich. »Wir wohnen ganz in der Nähe und kommen oft in Ihre Kirche. Wissen Sie, unser Baby ist gestorben, und ich wüßte gerne ...«

»Wie bitte?« antwortete die Stimme. »Sagten Sie, Ihr Baby sei gestorben? Es tut mir leid, unsere Priester sind beide unterwegs.«

»Ach so«, antwortete ich. »Wann kommen sie denn zurück?«

»Das dauert noch etwas«, sagte die Stimme. »Was möchten Sie denn von ihnen?«

»Ich hatte gehofft, daß einer von ihnen vorbeikommen würde«, erklärte ich, »um die Sterbesakramente zu spenden oder so etwas ...«

»Oh nein!« antwortete die Stimme. »Die Sterbesakramente kann man nur spenden, wenn die betreffende Person noch lebt, nicht wenn sie bereits tot ist. Ich frage schnell den alten Pater, er ist oben. Bleiben Sie bitte am Apparat.«

Der Kriminalbeamte fragte mich nach dem Verlauf des Gesprächs. Ich faßte es kurz zusammen, und er verdehte ungeduldig die Augen. Nach wenigen Minuten war die Stimme wieder da. »Ich habe mit dem Pater gesprochen«, erklärte sie. »Er sagt auch, daß man die Sterbesakramente nur spenden kann, wenn es noch lebt. Man kann nichts mehr tun, wenn es schon tot ist ...«

Meine Verblüffung wich blanker Wut. »Mein Baby ist kein *es*«, fauchte ich in den Hörer. »Er ist ein er!« Ich brach in Tränen aus und knallte den Hörer auf.

Der Kriminalbeamte war fassungslos. Er schlug mit der Faust auf den Tisch. »Das bestätigt alles, was ich von der Kirche halte«, sagte er, dann legte er mir tröstend den Arm um die Schulter.

Als ich mich wieder ein wenig beruhigt hatte, schlug Mike vor, es bei einem anderen Priester zu versuchen. Die einzige Pfarrei, zu der wir sonst eine Verbindung hatten, war St. Markus, denn dort gingen Oliver und Jamie in den Kindergarten. Mike rief die Leiterin des Kindergartens an, um sie nach der Nummer des Priesters zu fragen. Die Todesnachricht schockierte sie so, daß sie nicht mehr in der Lage war, uns Auskunft zu geben. Wir fanden die Nummer schließlich im Telefonbuch, doch es meldete sich nur der Anrufbeantworter. Ich war verärgert, obwohl ich vielleicht kein Recht dazu hatte. Wir hatten uns nie viel um die Kirche gekümmert, warum erwarteten wir also jetzt ihre Hilfe?

»Wir vergessen das am besten«, sagte ich resigniert, nachdem ich zu dem Schluß gekommen war, daß sich die Kirche nur für sich selbst interessiert.

Ein guter Freund von Shirley war Priester; hielt sich im Moment aber im Ausland auf. »Vielleicht hat er ja einen Freund, der euch helfen kann«, schlug sie vor.

»Danke, Shirley«, lehnte ich ab. »Ich möchte niemanden, den wir nicht kennen ...«

Ich schaute in die ratlosen Gesichter um mich herum. Alle sahen so verzweifelt aus. Dies war eine der Situationen, in denen man, auch wenn man die Kirche das ganze Leben lang ignoriert hat, ihren Beistand und ihren Trost plötzlich braucht.

»Bitte ...«, beharrte Shirley. »Ich habe eine Idee. Laß mich noch einen Versuch machen.«

Mit diesen Worten verschwand sie nach unten und zog sich zum Telefonieren in die Küche zurück. Fünf

Minuten später kehrte sie mit zufriedenem Gesicht zurück. »Der Kaplan kommt«, verkündete sie. »Ihr werdet ihn mögen, er ist sehr nett. In einer halben Stunde wird er hier sein.«

James kannte uns nicht, aber er hatte sich sofort ins Auto gesetzt, nachdem Shirley ihm die Situation geschildert hatte. Er war sogar so überstürzt aus dem Haus gelaufen, daß er den weißen Kragen seines Talars vergessen hatte. Es fiel ihm erst auf, als er sich beim Einparken vor unserem Haus im Rückspiegel ansah. Und da er die vielen Journalisten passieren mußte, war es ihm wichtig, korrekt auszusehen. Also riß er einfach ein Stück weißes Papier aus seinem Autoatlas und befestigte es an seinem Talar. Es fiel niemandem auf.

Wenn es einen Gott gibt, dann hat er uns James an diesem Vormittag geschickt. Er war genau das, was wir brauchten, und noch viel mehr. Er strahlte eine ungeheure Ruhe aus, und wenn seine Aufgabe ihm unangenehm gewesen sein sollte, so ließ er es sich zumindest nicht anmerken. Mike und ich nahmen ihn mit nach oben und zeigten ihm unseren kleinen Jungen, voller Stolz, so wie man einen Neugeborenen präsentiert.

»Man hat uns gesagt, daß Sie ihm die Sterbesakramente nicht mehr spenden können, wenn er tot ist«, sagte ich zu James.

»Strenggenommen ist das richtig«, antwortete er leise. »Aber ich kann Gebete sprechen. Wir könnten eine Art Gottesdienst hier an seinem Bettchen abhalten, wenn Sie das möchten.«

Wir nickten, und dann schauten wir alle drei auf den kleinen schlafenden Körper.

»Er ist nicht mehr hier, nicht wahr?« fragte ich James. »Das ist doch nur sein Körper. Das, was Supi war, ist fort, oder? Ich war mir noch nie einer Sache so sicher. Er ist einfach nicht mehr hier ...«

Mike und ich hatten das beide gedacht, heute morgen, als wir ihn so eng zwischen uns gehalten hatten.

»Nein«, antwortete James. »Er ist nicht mehr hier. Aber dies hier war sein Körper, in dem er lebte, und deshalb ist er auch etwas ganz Besonderes.«

Meine Mutter war immer noch nicht gekommen, und man hatte Mike gesagt, daß das Bestattungsunternehmen Supis Körper bald mitnehmen wollte. Ich wußte natürlich, daß man ihn so rasch fortbringen mußte, um festzustellen, weshalb er gestorben war. Und ich wußte auch, daß das wichtig war. Deshalb stimmte ich zu, daß wir ohne meine Mutter mit dem Gottesdienst begannen. Sicher wäre sie gerne dabeigewesen, aber wir konnten nicht länger warten.

Alle kamen hinauf in das kleine Zimmer. Mike und die Jungen, Shirley, Alex, Mikes Eltern und seine Schwester Sue. Wir standen in einem Halbkreis um das Bettchen herum. Alle Blicke waren auf Supi gerichtet, der aussah, als schliefe er friedlich und bekäme von dem ganzen Trubel um ihn herum nichts mit. Am Ende beteten wir zusammen das Vaterunser, und dann ließen sie Mike und mich mit Supi allein.

»Er ist nicht mehr hier, nicht wahr?« wiederholte ich und sah Mike an. Wir beugten uns über sein Bettchen und streichelten seinen Rücken. Die Tränen rannen über Mikes Wangen, als er mir zustimmte.

Ich sah zum Fenster. Draußen war herrliches Wetter. Die Sonne kam gerade um das Haus herum und schien uns ins Gesicht. Es mußte kurz vor Mittag sein.

»Aber wo ist er dann hingegangen?« fragte ich. »Wo ist er jetzt? Er kann doch nicht einfach verschwinden ... Er hatte doch so viel Leben in sich. Das kann sich doch nicht in Nichts auflösen. Es muß irgendwo sein ...«

»Ich weiß es nicht«, schluchzte Mike. Er legte seine Arme um mich, und wir klammerten uns eng aneinander.

Dann wischte er sich schließlich erst selbst die Augen ab und dann mir. »Komm. Sie wollen seinen Körper mitnehmen. Du möchtest doch sicher nicht zusehen, wenn sie ihn abholen. Komm mit nach unten und setz dich ein bißchen ins Schlafzimmer.«

Zum letzten Mal sagten wir unserem kleinen Jungen Lebewohl. Ich beugte mich vor und küßte ihn auf die Wange.

Ich habe ihn atmen gehört ... Oh Gott! Ich habe ihn atmen gehört.

»Mike ...«, keuchte ich. »Ich habe ihn atmen gehört ...«

Aber noch während ich das sagte, wußte ich, daß ich mir etwas vormachte.

»Oh Gott, Mike ...«, weinte ich. »Ich dachte, ich hätte ihn atmen gehört ...« Ich wäre am liebsten zusammengebrochen. Ich wäre am liebsten selbst gestorben. Ich wollte mein Baby zurückhaben. Ich wollte mein Baby zurückhaben! Meine Arme fühlten sich so leer an. Wo war er nur hingegangen? Wir waren unseres Kindes beraubt, und es war fast so grausam, als wäre man nachts in unser Haus eingedrungen und hätte ihn ermordet.

Ich saß zitternd in unserem Schlafzimmer und lauschte den Schritten der Bestatter, die in Supis Schlafzimmer gingen und wieder zurückkamen. Ich hörte, wie sich die Haustür hinter ihnen schloß. Sie hatten ihn in den Leichenwagen gebracht. Ich legte mich auf mein Kissen, und dort, neben meinem Bett, stand noch immer Supis Morgenfläschchen im Wärmer.

Mike kam herein. »Sie haben ihn in einem hübschen kleinen Tragebettchen fortgebracht«, sagte er. »Ich dachte mir, daß du das vielleicht wissen möchtest.«

Ich hatte noch gar nicht darüber nachgedacht, wie man ihn fortbringen würde. Offensichtlich hatte Mike Angst gehabt, sie würden einen Sack dafür benutzen.

Der zweite Polizist hatte uns einen Handzettel mitgebracht. Es war die Fotokopie eines Informationsblattes, das von einer Stiftung stammte, die sich der Erforschung des Plötzlichen Kindstodes widmete. Zwei Löcher waren an der Stelle, wo es vermutlich in einem Ordner abgeheftet gewesen war. Das Blatt lag auf dem Wohnzimmertisch. Jeder hatte es gelesen. Es hatte alle ein bißchen beschäftigt und dieses schreckliche Gefühl der Hilflosigkeit wenigstens kurzfristig verdrängt. Jetzt nahm ich es in die Hand und las es.

›Informationen für Eltern, die den unerwarteten Tod eines Babys beklagen‹, las ich und vertiefte mich in die sachlichen, vernünftigen Ratschläge. Dieser Handzettel wurde in den nächsten Tagen zu unserer Bibel. Die Tips darauf, wie man zum Beispiel eine Beerdigung arrangiert oder wie man mit den Fragen der Geschwisterkinder umgeht, waren für uns sehr wertvoll, als wir versuchten, mit einem der schlimmsten

Schicksalsschläge fertigzuwerden, die Eltern treffen können.

Dann kam meine Mutter. Wir fielen uns in die Arme. Aus ihrer Umarmung konnte ich ihre zweifache Trauer herausfühlen. Sie trauerte um Supi, aber auch um mich. Sie wirkte schrecklich niedergeschlagen, und später einmal sagte sie mir, daß man einfach nicht damit rechnet, daß ein Enkel früher stirbt als man selbst.

Jon Roseman schlug vor, eine Presseerklärung aufzusetzen. Draußen drängelten sich noch immer die Journalisten, die auf eine Nachricht warteten. Wir verfaßten eine kurze Todesanzeige. Als Jon zur Tür ging, um sie den Reportern zu übergeben, hielt ich ihn zurück. »Ich finde, wir sollten das Wort ›geliebter‹ noch einfügen«, sagte ich. »Sie sollen wissen, daß er geliebt wurde.« Jetzt hieß es also ›unser geliebter Sohn Sebastian ...‹ Es klang besser und zugleich so schrecklich endgültig.

Ich ging ins Zimmer zurück. Oliver trug den Helm des Polizisten Ken Wake. Er und Jamie hatten sich den ganzen Morgen taktvoll im Hintergrund gehalten. Sie waren still und aufmerksam gewesen, und die Erwachsenen um sie herum, vor allem die Polizisten und James, der Priester, hatten mit ihnen gespielt. Jetzt sah Oliver mich an und fragte, nicht ungeduldig, aber bestimmt: »Mami, kann ich jetzt meine Geburtstagsgeschenke aufmachen?«

Ich hatte es komplett vergessen. Heute war Olivers Geburtstag. Er wurde vier Jahre alt.

Eilig belegten wir ein paar Sandwiches. Shirley bahnte sich einen Weg durch die Journalisten und kaufte beim Bäcker eine Geburtstagstorte. Dann drängten wir uns um den Wohnzimmertisch und zündeten die Kerzen an. Wir sangen Happy Birthday, und Oliver blies die Kerzen mit soviel Begeisterung aus, als sei dies ein ganz normaler Geburtstag. Wir machten sogar Fotos. Wenn ich heute zurückdenke, weiß ich nicht mehr, wie wir es geschafft haben zu lächeln, geschweige denn zu singen und uns zum Foto aufzustellen. Aber damals hatten wir alle die Wahrheit noch gar nicht richtig begriffen.

Später zog Oliver seinen neuen Helm und die Knieschützer an und fuhr mit Alex in den Park, um sein Geschenk auszuprobieren. Es war der Roller, von dem ich Supi versprochen hatte, daß er ihn eines Tages erben würde.

Ich wandte mich an James, der meine Verzweiflung sofort erkannt hatte. »Fragen Sie mich nicht, denn ich weiß auch nicht warum«, kam er meiner Frage zuvor. »Gott macht manchmal grausame Dinge. Ich weiß nicht, warum er einem kleinen Baby wie Supi das Leben genommen hat. Es macht auch mich sehr wütend.«

Wir saßen schweigend im Garten. Immer wieder überkamen mich die Tränen, bis ich keine mehr hatte. Dann erschien plötzlich Jon Roseman und nahm mich und James am Arm, um uns ins Haus zu begleiten. »Schaut nicht nach oben«, sagte er. »Dort draußen ist ein sehr, sehr großes Objektiv auf euch gerichtet.«

Ein besonders unverschämter Fotograf war auf das Dach des gegenüberliegenden Gebäudes geklettert. Er besaß die Art von Objektiv, die ich bei Polospielen gesehen und mit denen man Prinzessin Diana verfolgt hatte. Wir schlossen die Läden, zogen die Gardinen zu und weinten für uns privat. Die warme Julisonne, die unsere fröhliche Geburtstagsparty hatte bescheinen sollen, schien nun auf einen leeren Garten.

Um fünf Uhr zogen sich die Journalisten langsam zurück. Für sie war der Tod unseres kleinen Jungen inzwischen die Nachricht von gestern. Wir hingegen fingen gerade erst an, sie zu begreifen.

10. Kapitel

Es war ein seltsames Gefühl, an diesem Abend nur zwei Kindersitze auf der Rückbank unseres Autos zu haben. Ich wurde das Gefühl nicht los, unser Baby alleingelassen zu haben, allein bei völlig fremden Menschen. Mühsam verdrängte ich die schreckliche Vorstellung, daß sein kleiner Körper nun vielleicht auf einem kalten Obduktionstisch lag und ein Messer in seine Haut drang.

Andererseits mußte ich unbedingt wissen, was mit ihm geschehen war. Warum mußte er sterben? War es ein ›Plötzlicher Kindstod‹, wie die Presse bereits entschieden hatte? Oder hatte ich irgendeine Dummheit begangen, einen unbewußten Fehler, der seinen Tod hervorgerufen hatte? Hatte ich ein Krankheitszeichen übersehen? Hatte ich vielleicht nicht bemerkt, daß er sich verschluckt hatte?

Es mußte mein Fehler gewesen sein, da war ich mir ganz sicher. Babys sterben nicht einfach so, es sei denn, jemand tut ihnen etwas an oder paßt nicht auf sie auf. Ich zerbrach mir den Kopf auf dem ganzen Weg nach Bournemouth, wo wir hinfuhren, um eine Weile bei meinen Eltern zu bleiben. Mike fuhr, und die Jungen dösten vor sich hin.

»Oh nein ...« Mike stöhnte, als er in den Rückspiegel blickte. Wir waren fast am Ziel. »Ich glaube, wir werden verfolgt.«

Es war beinahe Mitternacht. Ein Paar Scheinwerfer folgte uns überallhin. Mike fuhr einige zusätzliche Schlenker, aber die Scheinwerfer blieben hinter uns. Wir waren inzwischen nur noch ein paar Straßen vom Haus meiner Eltern entfernt.

»Wir sollten sie nicht unbedingt dorthin führen«, sagte Mike. »Sonst haben wir keine Minute Ruhe. Warum können sie uns nicht einfach in Frieden lassen? Wenigstens an einem Tag wie heute.«

Mike brachte das Auto zum Stehen. Der andere Wagen überholte uns und fuhr davon. Vielleicht hatten wir uns geirrt. Vielleicht hatte man uns gar nicht verfolgt. Auf jeden Fall waren sie jetzt fort. Wir bogen in die Straße ein, in der meine Eltern wohnten. Unser Verfolger wartete bereits vor dem Haus.

»Dann wußte er also schon, wo wir hinwollten«, stellte Mike seufzend fest und wendete.

»Wohin fahren wir denn?« fragten die Kinder im Chor.

»Keine Ahnung«, antwortete Mike ärgerlich. Ich sah, daß er langsam am Ende war. Er stand kurz vor dem Zusammenbruch, er hatte eine anstrengende lange Fahrt hinter sich, zusätzlich zu dem Schock, der uns alle bedrückte.

Wir riefen meine Eltern vom Auto aus an. Meine Mutter war schon mit dem Zug vorausgefahren, damit sie alles für unsere Ankunft vorbereiten konnte. »Wir können nicht kommen«, erklärte ich ihr. »Vor eurem Haus lauert schon wieder ein Reporter. Sie lassen uns nie allein, es ist schrecklich.«

Meine Mutter war sofort alarmiert. Sie spürte, daß wir beide in Panik gerieten. »Wo wollt ihr jetzt hinfahren?« fragte sie.

»Keine Ahnung«, antwortete ich weinend. »Irgendwohin. Wir werden schon etwas finden.«

Meine ältere Schwester Sue (sowohl Mike als auch ich haben eine Schwester namens Sue) war ebenfalls dort und wartete auf uns. Sie griff nach dem Hörer.

»Hört zu, ihr müßt herkommen«, erklärte sie bestimmt. »Denkt an eure Kinder, sie müssen ins Bett. Und ihr müßt euch dringend ausruhen. Ihr braucht Leute um euch, die euch lieben. Kommt jetzt bitte sofort her.«

Inzwischen schluchzte ich schon wieder. Die Kinder jammerten auf den Rücksitzen. Mike war völlig erschöpft. Unser Verfolger hatte entschieden, nicht endlos auf uns zu warten, und war verschwunden. Als wir das Haus meiner Eltern erreichten, fielen wir fast durch die Tür. Sue fing uns mit festem Griff auf und brachte uns ins Wohnzimmer. Meine Eltern kümmerten sich um die Kinder, um ihre Kleidung und ihre Spielsachen, dann sanken wir alle in die Sofas. Sue goß uns einen Whiskey ein, und wir redeten bis weit in die Nacht hinein, wobei mein Vater immer wieder ungläubig und traurig den Kopf schüttelte. Meine Mutter brachte die Kinder ins Bett. Mike und ich gingen noch hinauf, um ihnen gute Nacht zu sagen.

»Mami«, rief Oliver, als wir das Licht ausmachten.

»Ja?«

»Mami?«

»Ja, Oliver?«

»Mami ... Warum ... Wenn ein Baby stirbt, warum ...?«

»Ja-a-a?«

»Wenn ein Baby stirbt, warum ruft ihr dann alle Leute an?«

Mike und ich gingen in dieser Nacht gar nicht richtig zu Bett. Wir legten uns nur hin, klammerten uns aneinander und weinten und dösten abwechselnd. Es wurde eine lange Nacht, und als der kühle, trübe Morgen hereinbrach, fühlten wir uns müde und zerschlagen. Es war unser erster Tag ohne Supi – wir hatten es bereits bis zum Tag Eins gebracht. Unser Überleben kam uns vor wie Verrat an dem kleinen Jungen, den wir so geliebt hatten. Oliver und Jamie schliefen noch. Ich hatte nicht im entferntesten daran gedacht, Angst um sie zu haben. In den Nachrichten war zwar das Wort ›Plötzlicher Kindstod‹ gefallen, aber ich hatte es immer noch nicht begriffen.

Ich saß mit meiner Mutter im Eßzimmer, trank Tee und sah hinaus in den strömenden Regen. Mike sagte, er würde nach draußen gehen. »Macht euch keine Sorgen, wenn ich eine Weile wegbleibe«, sagte er. »Ich möchte einfach ein Stück laufen.«

Wie ein Zombie saß ich am Tisch meiner Mutter, und als ich mir meine zweite Tasse Tee eingoß, wurde mir klar, daß das Leben weiterging, auch wenn mir das nicht gefiel. Bei jedem Schluck kam ich mir Supi gegenüber unloyaler vor. Wie konnte ich als seine Mutter ohne ihn weiterleben? Wie konnte ich mich ernähren, wo ich doch wußte, daß er tot war? Wie konnte ich mich so trivialen Dingen wie Anziehen oder Frühstücken widmen, obwohl er nicht mehr bei uns war? Ich hatte das Gefühl, an meinem Toast zu ersticken, aber ich aß ihn auf. Dann ging ich in unser Zimmer, wusch mich, zog mich an und weckte die Kinder.

Sie waren beide übermüdet. Aber Oliver hatte sein neues Spielzeug, vor allem den Roller, und auch Jamie hatte etwas bekommen. Sue schlug vor, daß die beiden den Tag bei ihr, ihrem Mann Dave und ihren zwei Söhnen verbringen sollten. Adam und Stuart waren bereits Teenager, und unsere Kinder himmelten sie an.

Die Zeitung fiel durch den Briefkastenschlitz. Ich glaube, niemand von uns war auf eine solche Schlagzeile vorbereitet: ANNE DIAMOND – BABY-DRAMA prangte auf der Titelseite.

»Sie schreiben, es sei Plötzlicher Kindstod gewesen«, las mein Vater vor. »Aber woher können sie das wissen? Woher können sie das bloß wissen?«

»Was ist ›Plötzlicher Kindstod‹?« fragte meine Mutter. »Zu unserer Zeit gab es das noch nicht, zumindest habe ich nie davon gehört. Warum wird heute so häufig davon gesprochen?«

Es klingelte. Ich sah zu, wie meine Mutter die Tür öffnete. Mike stand in der Tür, seine Kleider waren völlig aufgeweicht, das Wasser lief ihm über das Gesicht. Alle Farbe war von ihm gewichen, er sah aus wie ein Gespenst. Er war mehr als drei Stunden durch den Regen gelaufen.

»Es tut mir leid«, sagte er leise, nachdem er sich trockene Kleidung angezogen hatte. »Ich bin bis zu der kleinen Kirche gegangen, wo deine Schwester geheiratet hat, und habe mich dort auf den Friedhof gesetzt. Im Regen ist es leichter, weil die Leute dann nicht sehen, wenn man weint ...«

All Saints, die Kirche, von der Mike gesprochen hatte, ist eine winzige, aber sehr hübsche mittelalterliche Kirche. Sie liegt malerisch neben einem Fluß mit Enten und Schwänen. Meine Schwester Louise hatte damals dort geheiratet, nicht nur weil die Kirche so hübsch war, sondern auch, weil es dort einen sehr netten Pater gab. Fred Rason war ein toller Mann. Er war ein ehemaliger Geschäftsmann, der sich nachträglich ›berufen‹ gefühlt hatte und erfrischend offen und tolerant war.

Am nächsten Morgen, einem Sonntag, ließen Mike und ich die Kinder bei ihren Großeltern und fuhren nach All Saints. Wir wollten den Gottesdienst besuchen. Als wir dort ankamen, stand die Tür offen; und wir lasen an der Nachrichtentafel, daß der Gottesdienst in einer halben Stunde beginnen würde. Wir machten noch einen kleinen Spaziergang durch das Gelände.

Nach und nach kamen die Kirchenbesucher. Viele trugen festliche Kleidung, und ich registrierte einige auffallende Hüte. Als wir auf das Hauptportal zugingen, bemerkte ich, daß uns ein paar Frauen aus dem Ort erkannt hatten und sich flüsternd unterhielten. Eine kam zu uns und nahm meinen Arm. »Es tut mir so leid«, sagte sie. »Schrecklich, was mit Ihrem Baby passiert ist. Ich werde heute für Sie beten.«

Und dann zog uns eine andere Frau zur Seite. »Sind Sie sicher, daß Sie da hineingehen wollen?« fragte sie mit besorgtem Gesicht. »Wissen Sie, daß heute morgen einige Taufen stattfinden? Vielleicht sollten Sie besser nicht ...«

Jetzt erst sah ich die vielen kleinen Babys auf den Armen ihrer stolzen Eltern. Deshalb also waren die Leute so festlich gekleidet. Wir waren froh, daß die Frau uns gewarnt hatte. Wir gehörten an diesem Morgen nicht hierher. Wir drehten uns um und gingen zurück zum Parkplatz, wo unser Auto stand. Im Auto konnten wir uns nicht länger beherrschen und brachen erneut in Tränen aus. Ein anderer Wagen fuhr langsam an uns vorbei, es war unser Verfolger vom ersten Tag. Aber glücklicherweise besaß er soviel Taktgefühl, uns nicht zu fragen, wie wir uns fühlten.

Wir fuhren ziellos durch den New Forest. Normalerweise fährt Mike gerne Auto – an diesem Tag aber war es für uns beide eine Art Therapie. Wir hielten mehrmals für eine Stunde oder länger an und redeten. Es wurde schon dunkel, als wir schließlich wieder vor der kleinen Kirche standen. Wir wußten, daß wir uns um die Beerdigung kümmern mußten und hatten beide an Pater Fred Rason gedacht. Hoffentlich war er noch nicht in eine andere Pfarrei versetzt worden.

»Komm, wir versuchen es und hören, was er sagt«, schlug Mike vor und klingelte an der Tür des Pfarrhauses.

Es schien endlos zu dauern, ehe wir Schritte hörten. Die Tür öffnete sich, und Fred stand vor uns, sein Gesicht leuchtete freundlich. Mir fiel sofort auf, daß er ein Loch in den Socken hatte.

»Ja?« Aber er brauchte gar nicht weiter zu fragen, er kannte uns. Sein Gesicht wurde traurig, und er öffnete die Arme. Es war so, als hätte uns jemand geschickt.

»Kommt herein«, bat er. »Und entschuldigt meine Socken.«

Fred war genau der richtige Mann für uns. Er hatte Mitleid, war verständnisvoll und hilfsbereit. Er bot uns keine Erklärung für Supis Tod, und wir fragten ihn nicht, warum Gott uns das angetan hatte. Statt dessen gab er uns eine Menge guter Ratschläge. Er sagte uns, welche Formalitäten wir zu erledigen hatten, wo wir eine Einäscherung vornehmen lassen konnten (der Gedanke, daß Supis Körper begraben werden sollte, war mir unerträglich), und er versprach uns, die Trauerfeier vorzunehmen. Er schickte uns mit einer langen Liste fort, auf der stand, was wir alles zu erledigen hatten, vom Versenden der Traueranzeigen bis zur Auswahl der Kirchenlieder.

11. Kapitel

Kurz nachdem wir nach London zurückgekehrt waren, rief Jon Roseman an. »Sämtliche Zeitungen sind hinter mir her«, berichtete er. »Alle wollen wissen, wann denn nun die Beerdigung stattfindet. Was soll ich ihnen sagen?«

»Sag ihnen, daß es sich um eine private Angelegenheit handelt«, erklärte Mike bestimmt.

Aber das stellte die Reporter nicht zufrieden. Wenig später rief Jon erneut an, diesmal klang er ziemlich genervt.

»Sie sagen, wenn sie nicht von euch erfahren, wann die Beerdigung stattfindet, würden sie es selbst herausfinden. Und das klang eher wie eine Drohung als wie ein Versprechen.«

»Von wem stammt diese Drohung?«

»Von der *Sun*«, sagte Jon. »Und ich fürchte, sie meinen es ernst.«

Wir erinnerten uns daran, wie sich die Presse beim Begräbnis von Eric Claptons kleinem Sohn verhalten hatte. In ihrer Gier nach einer Nahaufnahme hatten sie die Trauergäste geschoben und gestoßen und waren auf fremden Gräbern herumgetrampelt. Das wollten wir unbedingt verhindern. Mike bat einen Freund um Rat, der einmal Chefredakteur bei einer großen Zeitschrift gewesen war. Er schlug uns vor, jeden Chefredakteur persönlich anzuschreiben, ihm zu erklären, daß wir

Wert auf einen privaten Rahmen legten, und ihn zu bitten, seine Reporter zurückzuhalten.

Genau das taten wir, und der Fairneß halber muß man sagen, daß alle Chefredakteure unserer Bitte nachkamen. Nur für die *Sun* war unser Brief Wasser auf die Mühlen. Sie wollten sich von ihrem Vorhaben nicht abhalten lassen.

Mike rief das gerichtsmedizinische Institut an, um sich nach dem neuesten Stand der Untersuchungen zu erkundigen. Erstaunt stellten wir fest, daß man erst am Montag mit der Autopsie begonnen hatte, obwohl man uns Supi schon Freitag mittag fortgenommen hatte. Ich hatte angenommen, man hätte es deshalb so eilig gehabt, weil man ihn möglichst rasch untersuchen wollte. Statt dessen hatten sie ihn das ganze Wochenende über auf einer kalten Trage liegengelassen. Waren in dieser Zeit nicht wichtige Hinweise auf eine mögliche Krankheit verlorengegangen?

Dies war erst der Anfang meiner Verärgerung, einer Verärgerung, die sich in den folgenden Monaten mehr und mehr festsetzen sollte. Warum war niemand erschienen, um sich Supis Bettzeug, sein Bett und sein Zimmer anzusehen? Warum hatte niemand detaillierte Fragen zu seinem Gesundheitszustand gestellt? Oder zu dem der übrigen Familie? Man hatte mich nicht einmal gefragt, ob Supi ein Brust- oder Flaschenkind war. Interessierte sich denn niemand dafür, warum er gestorben war?

»Der Pathologe wird sich heute nachmittag bei uns melden«, erklärte Mike.

Am frühen Nachmittag rief er dann tatsächlich an, um uns zu bestätigen, daß es sich bei Supis Tod um einen Fall von Plötzlichem Kindstod handelte, und das bedeutete, daß das Kind plötzlich und unerwartet unter nicht bekannten Umständen gestorben war. Es handelte sich um eine sogenannte Ausschluß-Diagnose, man konnte also nur sagen, woran Supi nicht gestorben war, und schloß damit einen gewaltsamen Tod oder eine erkennbare Erkrankung aus. Mein alter Freund Dave Edwards, der Kinderarzt, der uns damals geraten hatte, uns von Jamies Monitor zu trennen, kam und erklärte uns alles, was er über den Plötzlichen Kindstod wußte. »Es ist leider sehr wenig«, gab er bedauernd zu. Seine Studien beschränkten sich auf frühgeborene Babys, über das Schicksal von Babys, die schon vier Monate zu Hause gelebt hatten, hatte er so gut wie keine Angaben.

»Es ist überhaupt nur sehr wenig über den Kindstod bekannt«, erklärte er. »Es wird natürlich auf diesem Gebiet viel geforscht, aber ohne große Ergebnisse. Wir wissen nur, daß überheizte Räume etwas damit zu tun haben könnten. Und der Himmel weiß, ob hinter dieser Theorie mit den Matratzen etwas steckt.«

In Gedanken checkte ich diese Punkte ab. Ja, es war eine warme Nacht gewesen, aber Supi hatte nur ein T-Shirt und eine Windel angehabt, und in seinem Zimmer war das Fenster offen gewesen. Das konnte man wirklich nicht als zu heiß bezeichnen. Und ich hatte eine nagelneue Matratze gekauft. Was war also die Ursache für Supis Tod? Was war mit dieser Theorie, daß Babys vergessen zu atmen?

»Ich kann mir nicht vorstellen, daß es so einfach ist«, sagte Dave. »Es tut mir leid, aber ich kann Ihnen nicht weiterhelfen. Ich weiß leider auch nicht mehr.«

Am vierten Tag geschah etwas, was meinem Unmut über die Mediziner und ihre Selbstgefälligkeit verstärkte. Es war der Tag, an dem ich glaubte, wir würden alle sterben. Mikes Eltern waren zu Besuch gekommen, und wir spielten mit den Kindern im Garten. Mike hatte begonnen, an einer Seite des Rasens einen Zaun zu errichten. Er hatte das schon seit einer Ewigkeit vorgehabt. Ich saß im Schatten.

Jamie kam zu mir, sein Gesicht war ganz blaß.

»Mami, mir ist schlecht.«

Ich setzte ihn auf meinen Schoß und befühlte seine Stirn. Sie war heiß. Im nächsten Moment erbrach er sich auf den Rasen. Er sank in meine Arme zurück und machte einen völlig apathischen Eindruck.

»Mike«, rief ich. »Mit Jamie stimmt etwas nicht.«

Noch während wir uns um Jamie kümmerten, machte Oliver es seinem Bruder nach. Er erbrach sich und wurde fast ohnmächtig.

Ich geriet in Panik, mein Herz raste. »Oh mein Gott! Wir haben alle irgendeine schreckliche Krankheit. Was immer Supi getötet hat, wird sie auch töten. Wir werden alle sterben ...«

Ich stürzte ans Telefon und rief Dave Edwards an. Glücklicherweise war das Krankenhaus, in dem er arbeitete, ganz in unserer Nähe, und er war rasch bei uns. Ich zitterte immer noch vor Angst, als er uns informierte.

»Ich habe die beiden gründlich untersucht«, sagte er langsam, aber bestimmt. Er wußte, daß er völlig verängstigte Menschen vor sich hatte. »Sie werden nicht sterben, habt ihr verstanden?« An unseren Gesichtern sah er, daß wir nicht verstanden hatten. »Sie werden nicht sterben. Die zwei haben ganz normale, gewöhnliche Windpocken. Ich gebe ihnen etwas zum Fiebersenken, und in ein paar Tagen werden sie wieder putzmunter sein. Dann habt ihr nur noch mit den Pöckchen zu kämpfen ...«

Inzwischen reichte mir das nicht mehr. Ich wollte mehr wissen. Was genau waren Windpocken? Wie verbreiteten sie sich? Was taten sie mit einem Körper? Und was konnten sie mit einem winzigen Babykörper tun, wenn ein winziges Baby sie bekam?

»Jetzt redet euch nicht ein, Windpocken seien eine Ursache für Plötzlichen Kindstod.« Dave schüttelte den Kopf. »So ist es nicht. Windpocken sind eine Viruserkrankung, Plötzlicher Kindstod nicht.«

Konnte denn ein Virus beim Plötzlichen Kindstod eine Rolle spielen? In mir keimte schon wieder ein Zweifel. Warum folgte aus allem, was die Ärzte sagten, eine neue Frage – die sie nur sehr widerstrebend beantworteten?

Sollte er es eilig gehabt haben, so hatte Dave an diesem Nachmittag Pech. Er blieb mehrere Stunden und saß schließlich auf dem Boden und zeichnete Diagramme von Viren, vom Herzen, von der Lunge und dem Blutkreislauf auf ein Stück Papier.

Als er fort war, wandte ich mich an Mike. »Sollen wir morgen früh als erstes den Pathologen anrufen?«

Mike nickte. »Um ihn zu fragen, ob er in Supis Körper irgendwelche Anzeichen von Windpocken gefunden hat? Unbedingt!« Unsere Hausärztin kam ein paarmal, um nach den Kindern zu schauen. Die Pusteln breiteten sich inzwischen in rasender Geschwindigkeit auf ihren Körpern aus. Ich erzählte ihr, daß wir uns mit dem Pathologen in Verbindung gesetzt und ihn gebeten hätten, nach Hinweisen auf Windpocken zu forschen.

Ich hatte erwartet, daß sie uns unterstützen würde. Doch statt dessen machte sie einen verärgerten Eindruck. »Wie kommen Sie dazu, mit dem Pathologen direkt zu sprechen?« schimpfte sie. »Sie regen sich nur unnötig auf. Lassen Sie das bitte. Es ist für Sie beide nicht gut, sich in diese Angelegenheiten einzumischen. Sie quälen sich nur selbst.«

Ich traute meinen Ohren nicht. Es war unser Kind, das gestorben war. Und ich wollte herausfinden warum. In meinem Geschäft, dem Journalismus, gab es nur einen Weg, die Wahrheit schnell herauszufinden: indem man die entsprechenden Personen direkt befragte. Warum sollten wir also nicht auch mit dem Pathologen sprechen?

»Glauben Sie nicht, daß es wichtig sein könnte?« fragte ich sie.

»Windpocken haben nichts mit Plötzlichem Kindstod zu tun«, antwortete sie. »Außerdem kann ein Virus jetzt nicht mehr nachgewiesen werden. Viren sind nur bis zu sieben Stunden nach dem Tod identifizierbar.«

Ich war erstaunt. Wie konnte der Verstand eines Mediziners so beschränkt sein? Und warum hatte man mit Supis Autopsie drei Tage gewartet, bis alle Spuren, einschließlich Viren nicht mehr nachzuweisen waren?

Erneut rief Mike den Pathologen an. Man sagte ihm, daß sich unsere Hausärztin mit ihm in Verbindung gesetzt hätte und sie übereingekommen wären, uns keine Informationen mehr direkt zu geben. Wir gaben auf, denn was sollten wir tun? Die Obduktion hatte eine augenscheinliche Krankheit und einen gewaltsamen Tod ausgeschlossen, damit war die Sache erledigt. Für die Pathologie gab es keinen Grund weiterzuforschen, ihr Urteil lautete: Plötzlicher Kindstod. Mit anderen Worten: Wir wissen nicht, woran Ihr Baby gestorben ist. Wenn wir Mord oder Mißhandlung als

Todesursache ausschließen können, genügt uns das. Finden Sie sich damit ab, und zeugen Sie irgendwann ein neues Baby.

Uns schien es, als gäbe es nirgendwo einen Arzt, der ein bißchen weiterdachte und sich ernsthaft dafür interessierte, was mit unserem Baby geschehen war. Und dann war da noch etwas: In einem der Zeitungsberichte über uns hatte ich gelesen, daß jeden Tag vier oder fünf Babys am Plötzlichen Kindstod starben. Hieß das, daß an dem Morgen, als unsere Welt auf den Kopf gestellt wurde, vier oder fünf weitere Familien diesem Schicksal zum Opfer gefallen waren?

Es war kaum zu glauben. Denn das bedeutete fast dreißig Fälle pro Woche. Über 2.000 im Jahr. Lauter gesunde, prächtige Babys (denn laut Definition trifft der Plötzliche Kindstod gesunde, normalentwickelte Babys).

Zweitausend? Wieso hatten wir nie davon gehört? Wieso gab es keine großangelegten offiziellen Untersuchungen? Wieso hatte man uns keine Fragen gestellt? Wieso war das ganze kein nationaler Skandal?

Wie konnten wir das einfach so hinnehmen? Was stimmte mit uns allen nicht? Wieso hatten uns so viele Menschen auf den Rücken geklopft und uns geraten, einfach ein neues Baby zu bekommen? Lag es daran, daß Supi nur ein Baby war?

Wenn in diesem Land 2.000 junge Erwachsene auf rätselhafte Weise zu Tode kommen würden, durch eine Krankheit mit dem Namen ›Plötzlicher Teenagertod‹, würde es dann nicht einen nationalen Aufschrei geben? Was zum Teufel ging in unserem zivilisierten Staat eigentlich vor sich?

Zusammen mit Shirley besuchte ich die Zentrale der Stiftung, die sich der Untersuchung des Plötzlichen Kindstods angenommen hatte. Ich wollte mich für das so nützliche Merkblatt bedanken und in Erfahrung bringen, woran mein Baby gestorben war. Wir lernten die Vorsitzende Joyce Epstein kennen, die erst seit einem halben Jahr im Amt war. Sie stellte uns Dr. Shireen Chantler vor, Ärztin und Sprecherin des wissenschaftlichen Beirates.

Sie waren sehr nett und freundlich und boten uns Kaffee an. Sie erzählten uns, daß die Stiftung nach einem Kindstod vor einundzwanzig Jahren gegründet worden war. Die Mutter des Kindes hatte damals feststellen müssen, daß nichts getan wurde, um die Todesursache aufzuklären, und hatte sich geschworen, etwas dagegen zu tun. Während ich in dem großzügigen Büro saß und Kaffee trank, kam mir, möglicherweise zu Unrecht, der Verdacht, als seien in den letzten einundzwanzig Jahren keine großen Fortschritte gemacht worden.

»Die Regierung tut so gut wie nichts für uns«, beklagte sich Joyce. »Die Stiftung bringt Millionen auf und unterstützt eine Menge wissenschaftlicher Projekte. Es gibt bereits erste Fortschritte, aber wir sind noch weit davon entfernt, konkrete Ergebnisse zu erhalten.«

Zum erstenmal sprach ich mit jemandem, der sich mit dem Plötzlichen Kindstod auskannte. Und trotzdem wurmte es mich, wie wenig darüber bekannt war. Sie sagten mir, daß sie sich um die Zukunft sorgten, denn es würde zunehmend schwieriger, Geldmittel aufzutreiben. Und wenn der Stiftung die Mittel ausgingen, müßten die Forschungsprojekte gestoppt werden.

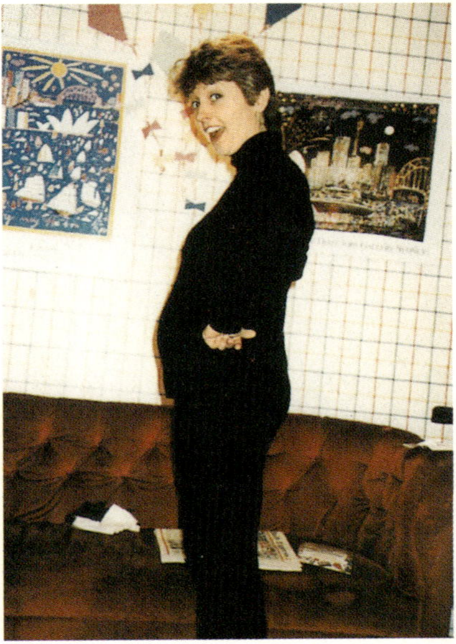

Ich selbst, im 7. Monat mit Supi schwanger – bevor die Probleme mit dem Hydramnion begannen und die Wehen deswegen vier Wochen zu früh einsetzten.

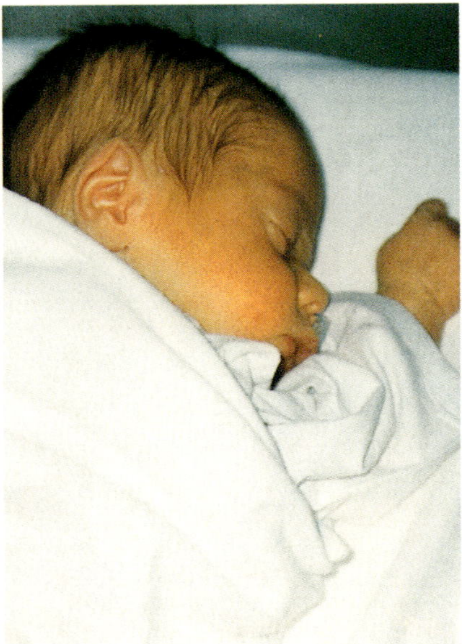

Dieses Foto wählten wir für Supis Geburtstagsanzeige aus. Ironischerweise schläft er auch hier glücklich auf seinem Bäuchlein.

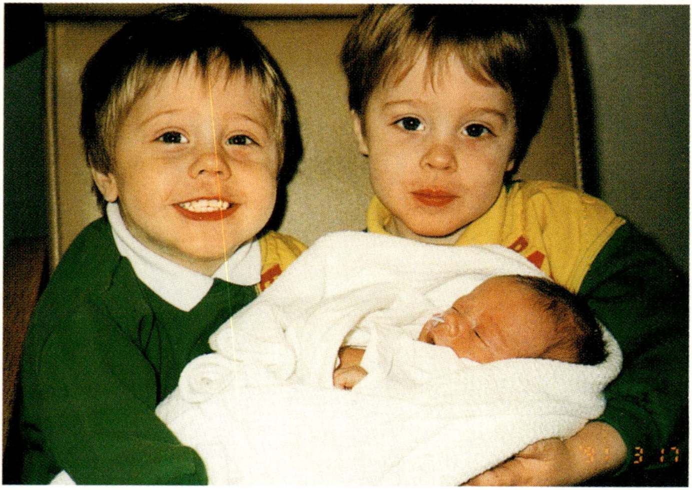

Oliver und Jamie waren begeistert, als sie ihren jüngeren Bruder das erste Mal halten durften – gleich nachdem die medizinischen Spezialbehandlungen abgebrochen waren.

Einige Menschen glauben, daß Kinder, die an plötzlichem Kindstod sterben, schwach und winzig sind. Dieses Foto von Supi im Arm von Oliver zeigt, daß er ein süßes, lebendiges Familienmitglied und eine ganze Portion war.

Sebastian und seine Mutter unter wildem Wein auf Zypern. Er wurde langsam etwas quengelig, also traten wir umgehend den Heimweg an.

Gerade als wir das Lokal verließen, schoß Alex ein Foto von uns. Es ist das einzige Bild, das ich von unserer kompletten Familie besitze. Ich werde ihr ewig dankbar sein, obwohl ich leider nicht daran gedacht habe, Sebastian mit dem Gesicht zur Kamera zu halten.

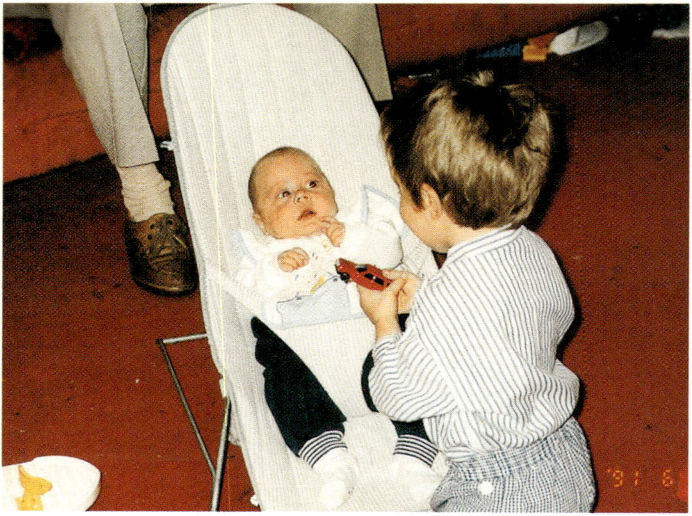

Jamie mit Supi. Supi stand gewöhnlich immer im Mittelpunkt des Interesses und ließ sich von seinem Regiestuhl aus nichts entgehen.

Supi und Mike hatten besonders viel Spaß miteinander.

THE Sun

TV star says sad farewell

OUR LITTLE LOVE

ANNE'S PLEA

Die Titelseite der *Sun* am Morgen nach der Beerdigung. Entgegen anders lautender Berichte hatten wir alle Zeitungen gebeten, der Beerdigung fernzubleiben – ohne Ausnahme. Aber der *Sun* ist es trotzdem gelungen, dieses Foto zu machen.

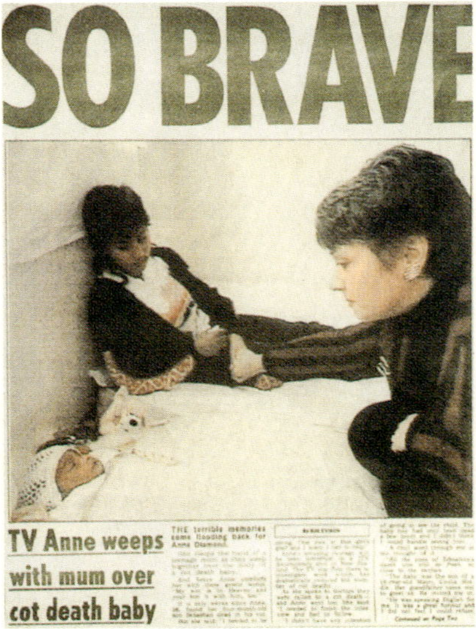

SO BRAVE

TV Anne weeps with mum over cot death baby

THE terrible memories come flooding back for Anne Diamond.

Diesen Morgen traf ich eine weitere vom plötzlichen Kindstod betroffene Mutter – eine 16 Jahre alte Maori und ihren winzigen toten Sohn. Das Bild stammt aus einem Dokumentarfilm und wurde an die Presse weitergegeben.

Das Neuseeland-Expeditionsteam – Alex, Shirley, ich, Oliver, Mike und Jamie. Die Jungen spürten, daß sie Teil einer Mission waren – mit dem Ziel, herauszufinden, was ihren kleinen Bruder getötet hatte.

Die Gesundheitsministerin, Virginia Bottomley, und ich am Tag, als die »Back to Sleep« Kampagne begonnen wurde – »die erfolgreichste Gesundheitskampagne überhaupt« (© Express Newspapers).

Das Plakat der Kampagne. Ein großartiger Slogan, aber die graphische Gestaltung war ziemlich verwirrend, so daß einige Menschen nur »Ack to Sleep« lasen und sich fragten, was das bedeuten sollte.

Der Beginn einer Kampagne des Gesundheitsamtes – hier wurde über die Risiken des Rauchens in der Schwangerschaft referiert (© Peter Trievnor/Times Newspaper Limited).

Jeden Monat, den Jake älter wurde, hatten wir einen weiteren Meilenstein erreicht – daher feierten wir jeden Monat mit einem Geburtstagskuchen. Dies war sein sechster.

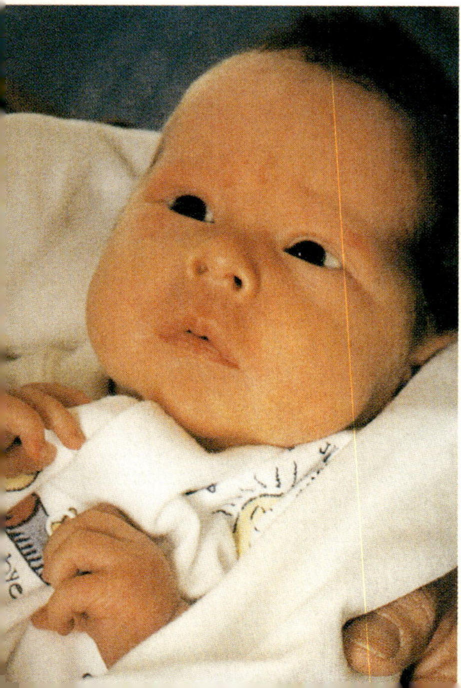

Und schließlich: unser fünfter Sohn, Conor Joe, der fast auf den Tag genau vier Jahre nach Supi auf die Welt kam. Nun haben wir, wie viele auf den Glückwunschkarten scherzten, fast ein halbes Footballteam zusammen – obwohl ein Mitglied für immer fehlen wird.

»Ich hoffe, Sie nehmen es mir nicht übel«, sagte Dr. Chantler, »aber Sie sind das Beste, was dem Plötzlichen Kindstod passieren konnte.«

Joyce Epstein warf ihr einen vorwurfsvollen Blick zu. Aber es war in Ordnung, denn ich hatte verstanden, wie sie das meinte. Außerdem war sie Wissenschaftlerin und keine trauernde Mutter.

»Sagen Sie«, fragte sie leise, als ich mich zum Gehen wandte, »lag Ihr Baby auf dem Bauch?«

Ich antwortete ohne zu zögern, damit kein Zweifel aufkam, daß Supi sich in der sichersten Position befand. »Ja, alle meine Babys haben auf dem Bauch geschlafen. Warum?«

Dr. Chantler machte ein besorgtes Gesicht. »Es gibt Untersuchungen über die Schlafposition – aber wir wissen noch nicht viel darüber ...«

Wir gingen, ausgerüstet mit ein paar Videos und einem Stapel Bücher.

»Es tut gut, mit jemandem zu reden, der ein wenig Ahnung hat«, sagte Shirley.

»Ja, aber sie können mir Supi nicht zurückgeben«, antwortete ich.

In Wahrheit hatte ich die beiden ein wenig seltsam gefunden. Und irgendwie ärgerte es mich, daß sie einer Stiftung zur Erforschung des Plötzlichen Kindstods vorstanden, ohne auch nur die geringsten persönlichen Erfahrungen zu haben. Ihre professionelle Ruhe hatte mich irritiert. Dies war keine Situation, in der Ruhe angebracht war. Hier ging es um brutale, schmerzende Qualen, und ich brauchte dringend den Trost anderer Mütter, die wußten, wie weh diese Schmerzen taten.

Zum Glück hatten sie schon ihre Bleistifte gespitzt.

12. Kapitel

Von Tag Eins an war unser Briefkasten jeden Morgen voller Briefe. Ich weiß nicht, wie ich ohne sie über den Tag gekommen wäre. Wir erhielten Post von fast vergessenen Freunden, von alten Rundfunk- und Fernsehkollegen aus der ganzen Welt, und von bekannten Persönlichkeiten, die ihre Popularität nutzen wollten, um damit Gelder für die Kindstod-Forschung aufzutreiben. Aber noch viel größer war die Anzahl völlig fremder Menschen, die uns schrieben. Dennoch hatten wir etwas mit ihnen gemeinsam, denn sie alle hatten ebenfalls ein Baby durch Plötzlichen Kindstod verloren. Es waren Menschen, die uns schreiben konnten ›Wir verstehen, wie Sie sich jetzt fühlen‹ und das wirklich ernst meinten. Sie schrieben uns, daß sie den Schmerz nachempfinden könnten, den wir verspürten, das Gefühl der Hoffnungslosigkeit und des Verrats und das Gefühl, das Leben sei nicht länger lebenswert.

Es gab einen ganz besonderen Brief, auf den ich wartete. Ich saß praktisch neben der Haustür und wünschte mir, daß er endlich kam. Ich wartete am ersten Tag nach Supis Tod, am zweiten und am dritten. Dann, am vierten Tag, kam er endlich, und ich sog jedes einzelne Wort auf, während ich ihn las.

Es war der Brief von Clare Richards. Ich hatte gewußt, daß sie mir schreiben würde. Clare war Produzentin bei *TV-am* gewesen, als ich dort noch

Good Morning Britain moderiert hatte. Sie war eine hochintelligente, quirlige Frau, die mit Enthusiasmus bei der Sache war. Ich kannte sie nicht besonders gut, aber ich erinnere mich noch genau daran, wie begeistert sie allen erzählte, sie sei schwanger. Jeder hatte sich für sie und ihren Mann gefreut.

Clare ging in Mutterschaftsurlaub und wollte zurückkommen, wenn das Baby ein halbes Jahr alt war. Wie groß war der Schock, als sie schon nach wenigen Wochen wieder zur Arbeit erschien! Ihr hübsches, kerngesundes Baby Harriet war am Plötzlichen Kindstod gestorben.

Clare war mit ihrer Tochter zu ihrer Mutter gefahren. Sie hatte Harriet auf das Bett ihrer Mutter gelegt, und die zwei Frauen hatten das Baby friedlich schlafen lassen, während sie unten das Mittagessen vorbereiteten. Als Clare zwanzig Minuten später nach ihrer Tochter schaute, war sie tot. Sie versuchten alles, sie schüttelten sie, probierten Mund-zu-Mund-Beatmung, aber ohne Erfolg.

Das ganze Team sprach darüber, mit gedämpften Stimmen. Ich hatte nicht einmal den Mut, zu Clare hinaufzugehen und ihr zu sagen, wie leid mir das alles tat. Aber zu jener Zeit hatte ich noch kein Verständnis für Babys und erst recht nicht für den schmerzhaften Verlust eines Babys. Als Clare mich jedoch später einmal bat, eine Benefiz-Veranstaltung zugunsten der Kindstod-Forschung zu unterstützen, sagte ich gerne zu.

Jetzt brauchte ich dringend Clares Rat. Und sie schrieb mir einen langen Brief. Später besuchte ich Clare in ihrem Haus. Es tat gut, sie wiederzusehen, auch wenn die Umstände schrecklich traurig waren.

Als Kolleginnen hatten wir uns kaum wahrgenommen, jetzt kamen wir uns durch unsere gemeinsame Trauererfahrung sehr nahe.

Harriet war gerade erst einen Monat alt gewesen – und ein Mädchen. Für einen Plötzlichen Kindstod sei das ungewöhnlich, sagte Clare. Die ›klassischen Fälle‹ waren meist Jungen, oft solche, die zu früh auf die Welt gekommen waren, und das typische Alter war viereinhalb Monate. Somit war Supi ein ›klassischer Fall‹.

Clare besaß nur zwei Fotos von Harriet, beides Aufnahmen aus der Ferne, die eine Nachbarin gemacht hatte. Alles, was sie sonst von ihr hatten, einschließlich ihrer persönlichen Fotos, war bei einem Brand in ihrem Haus vernichtet worden.

»Aber das ist nicht so schlimm, ich habe ja meine eigenen Erinnerungen«, meinte Clare. Auch sie hatte damals mehr über den Plötzlichen Kindstod erfahren wollen, hatte wissen wollen, warum Harriet gestorben war. »Aber«, warnte sie mich, »paß auf, daß sein Tod dich nicht völlig in Besitz nimmt. Man hatte mir von Anfang an geraten, Harriets Tod nicht wichtiger zu machen als ihr Leben. Und es ist ihr Leben, an das ich mich heute erinnere.«

Clare hatte ein weiteres Kind bekommen, einen Jungen. »Für mich ist er wie ein Geschenk von Harriet«, sagte sie. »Denn wenn sie nicht gestorben wäre, hätten wir ihn sicher nie bekommen.« Inzwischen hat sie zwei Geschenke von Harriet.

Viele, viele Briefe stammten aus Irland. Einer kam von einem Ehepaar, das seine Tochter genau am gleichen Tag ein Jahr zuvor verloren hatte. Sie hatten sich in ihren eigenen Schmerz zurückgezogen und des ersten Jahrestags ihres Todes gedacht, als sie in den Nachrichten erfuhren, daß Anne Diamond, die bekannte Fernsehmoderatorin, ihr Baby ebenfalls durch Plötzlichen Kindstod verloren hatte.

Der Brief meines ehemaligen Kollegen Jimmy Greaves versetzte uns einen richtigen Schock:

Liebe Anne, lieber Mike,

wir möchten Euch unser tiefes Mitgefühl aussprechen, für das, was geschehen ist. Irene und ich mußten 1958 das gleiche Schicksal erleiden. Ich kann nur sagen, die Zeit heilt die Wunden, und bis dahin sind unsere Gedanken bei Euch,

Euer Jim und Irene Greaves

Ich hatte nie gewußt, daß also auch der kleine Jimmy am Plötzlichen Kindstod gestorben war. Und auch er war ein ›klassischer Fall‹ gewesen – ein vier Monate alter Junge. Ein alter Freund von uns schrieb uns, daß er nicht so recht wisse, was er von der Religion zu halten habe, aber einer Sache sei er sich ganz sicher: ›Wenn es einen Himmel gibt, dann muß er für ein Kind eine Art riesiges Disneyland sein. Und wenn das so ist, dann ist Sebastian schon auf dem Weg dorthin!‹ Diese Vorstellung gefiel mir. Denn wenn Sebastian dort war, dann sicher zusammen mit einer Menge kleiner Freunde.

13. Kapitel

Supi kam in einem kleinen, schneeweißen Sarg nach Hause. Mike trug ihn in sein Zimmer hinauf und stellte den Sarg in das Bettchen. Wir beide wollten, daß er dort noch eine Nacht blieb, ehe er am nächsten Tag bestattet würde. Doch sein Anblick, sein wächsernes, puppenhaftes Gesicht, das weiße Hemdchen, der weiße Sarg und das weiße Bettchen ließen seinen Tod noch unverständlicher erscheinen. Es war wider die Natur, daß ein so zartes und weißes Baby tot dort lag.

Alex bat darum, ihn sehen zu dürfen. Ich führte sie in Supis Zimmer und nahm den Sargdeckel ab.

»Er sieht gar nicht richtig wie Supi aus«, sagte sie leise. Sie hatte recht. Das Bestattungsinstitut war zwar mit dem Make-up sehr vorsichtig umgegangen, aber sein Gesicht hatte trotzdem die falsche Farbe. Um die purpurfarbenen Lippen zu vertuschen, hatten sie einen Lippenstift benutzt. In gewisser Weise half das, denn für mich unterstrich das, daß unser Kind, unser kleiner fröhlicher Sohn, nicht mehr da war. Dies hier war nur sein Körper, seine Seele war fort.

Jedesmal wenn ich daran dachte, wo Supi jetzt wohl sein könnte, wanderte mein Blick zum Fenster. Konnten Seelen sich in die Luft emporschwingen, wie ich es im Religionsunterricht gelernt hatte? War Supi in die warme Sommernacht entschwebt? Oder hatten die Wände um uns herum ihn einfach aufgenommen?

»Ein Sarg in einem Kinderbettchen.« – Kopfschüttelnd wandte ich mich an Alex. »Ich hoffe, daß du so etwas nie wieder sehen mußt.«

Ich nahm ihn nicht heraus, denn ich hatte Angst, an seinem Körper oder an seinem Kopf die Spuren der Autopsie zu entdecken. Außerdem hatte ich ihn am Morgen seines Todes so lange gehalten, daß ich das unnatürliche Gefühl eines kalten Babys nicht mehr ertragen konnte. Ich wollte ihn warm und lebendig in Erinnerung behalten.

Wir hatten beschlossen, den Kindern nicht mehr zu erklären, als daß Supi jetzt im Himmel sei. Für einen Zwei- und einen Vierjährigen war das unseres Erachtens genug. Aber wir wollten, daß sie bei der Trauerfeier dabei waren, deshalb erklärten wir ihnen, der Sarg wäre voller Briefe und Blumen, die wir Supi in den Himmel schicken wollten. Sorgfältig achteten wir darauf, daß uns keine Bemerkung herausrutschte, die ihnen verraten hätte, daß Supis Körper in dem Sarg lag. Ich war der Meinung, daß die Wahrheit zu brutal für sie gewesen wäre, vor allem, weil wir Supis Körper im Anschluß an die Trauerfeier ins Krematorium geben wollten.

Die Organisation einer Trauerzeremonie lenkt sehr gut ab. Unzweifelhaft wurde dieses Ritual dazu erdacht, den Angehörigen über die ersten schrecklichen Tage hinwegzuhelfen, an denen sie untröstlich sind und noch weit davon entfernt, den Verlust zu akzeptieren. Sollte es Musik geben? Mike und ich wollten beide etwas ganz Schlichtes und Kindgerechtes. Deshalb wählten wir ›Der Herr ist mein Hirte‹ und ›Lobet den Herrn‹, zwei Kirchenlieder, die ich schon seit der Grundschule sehr mochte.

Sollte ein Chor singen? Auch hier wollte ich alles möglichst einfach halten, deshalb verneinte ich zunächst. Aber eines von Mikes Lieblingsstücken war ›Nunc Dimittis‹ von Geoffrey Burgon, das Stück, das am Ende der Fernsehserie *Dame, König, As, Spion* gesungen wird. Wir überlegten, die Platte in der Kirche abspielen zu lassen. Aber Shirley, die selbst einmal gesungen hatte und über eine Menge Beziehungen verfügte, wollte es gerne besser machen.

»Bitte, bitte, laßt mich einen Sänger für euch organisieren.« Ich lachte. Ja, man kann sogar lachen, wenn man die Bestattung des eigenen Sohnes arrangiert. »Du findest nie jemanden, der das singen kann. Es ist ein ziemlich eigenwilliges Musikstück, und es hat ein paar sehr schwierige Stellen ...«

»Laß es mich doch versuchen«, beharrte Shirley und begann zu telefonieren. Wenig später kam sie zurück und machte ein sehr zufriedenes Gesicht. »Ihr ratet nie, wer in Bournemouth lebt«, begann sie.

Wir sahen sie erstaunt an.

»Der Vize-Chorknabe-des-Jahres«, verkündete sie. »Ich habe mit seinem Vater gesprochen, der ihn begleiten wird, und sie kennen ›Nunc Dimittis‹. Aber es kommt noch besser: Sie fragen, ob ihr einen Trompeter dazu haben wollt, denn sie kennen einen, der das Stück spielen kann ...«

Mike und ich setzten uns an den Küchentisch, um einen Brief an Supi zu schreiben. Wir weinten und umarmten uns und kochten unzählige Tassen Tee, die wir alle nicht tranken, und schrieben bis tief in die Nacht. Dies war der Brief, den wir ihm dann in den Sarg mitgaben:

Liebster Supi,

heute, am Tag Deiner Beerdigung, würden wir gerne in der Kirche stehen und allen sagen, wie stolz wir auf Dich sind. Da wir nicht glauben, daß wir dazu in der Lage sein werden, schreiben wir es auf, damit wenigstens Du verstehst, wie wir fühlen.

Wir hatten immer gehofft, eines Tages ein Geburtstagslied für Dich zu singen, Deine ersten Schrittchen zu erleben, Dir Gutenacht-Geschichten zu erzählen, Dir zur Seite zu stehen, Dich beschützen und trösten zu können ...

Ich hatte geglaubt, ich könnte den Brief hier aufschreiben, aber es geht nicht. Es ist immer noch zu schmerzhaft, die Zeilen durchzulesen. Vielleicht sollten sie völlig privat bleiben, nur für Supi und uns.

Oliver und Jamie malten ein Bild für ihn, und auch Alex gab ihm ein kleines Briefchen mit, an dem eine getrocknete Rose befestigt war.

Viele Leute sagten uns später: »Wir wissen gar nicht, wie ihr das geschafft habt. Wir wären nie damit fertiggeworden.« Aber Mike und ich wußten, daß wir damit fertigwerden *mußten*. Mit einem Zusammenbruch, den die Zeitungen mir andichteten, oder einem völligen Rückzug in die Trauer hätten wir unsere elterlichen Pflichten vernachlässigt. So sehr wir es als unsere Aufgabe ansahen, unsere lebenden, gesunden Kinder zu ernähren, so sehr verspürten wir auch eine Verantwortung für unseren toten Sohn. Er brauchte jetzt unsere Hilfe, um diese Erde mit Würde und Liebe verlassen zu können.

Pater Fred Rason hatte uns gesagt, daß wir für den Rest unseres Lebens mit dem leben mußten, was wir jetzt taten. Er riet uns, Supis Trauerfeier so zu gestalten, daß wir jederzeit zurückblicken könnten mit dem beruhigenden Gefühl, alles liebevoll arrangiert zu haben. Wir luden unsere engsten Familienangehörigen ein und die Freunde, die Supi gekannt hatten. Gay, meine ehemalige Sekretärin, kam, Anne Robinson, die sich in seinen ersten Lebenswochen um ihn gekümmert hatte, mein Kollege und guter Freund Nick Owen und natürlich Shirley.

Eines Morgens klingelte das Telefon. Mike nahm das Gespräch an und brach dann in Tränen aus. Es war Becky, seine Tochter aus erster Ehe. Er liebte sie sehr, aber sie hatte seit einem Streit vor zwei Jahren nicht mehr mit ihm gesprochen. Daher hatte sie Supi nie kennengelernt. Nun hatte sie in der Zeitung von seinem Tod gelesen und beschlossen, ihren Vater anzurufen. Sie schickte einen sehr hübschen Blumenstrauß und schrieb ihrem Bruder ein kleines Gedicht. Und sie und ihr Vater kamen sich wieder sehr nahe.

Vor der Trauerfeier trafen sich alle vor dem Haus meiner Eltern, so daß die Trauergemeinde vollständig war, als wir dort ankamen. Wir legten Supi in eines der Schlafzimmer, und wer wollte, konnte ihn noch einmal sehen. Ich ging mit meinen Schwestern zu ihm. Schweigend saßen wir um ihn herum, blickten auf sein kleines Gesicht und seine winzigen Finger, die für immer zu einer kleinen Faust geschlossen waren. Meine Schwester Sue hatte ein Gedicht verfaßt. Mit zitternden Händen hielt sie die Karte, und ihre Stimme bebte, als sie Supi das Gedicht vorlas. Danach steckte sie die Karte neben ihn in den Sarg.

Es wurde Zeit, zur Kirche zu fahren. Erleichtert stellten wir fest, daß weit und breit kein Journalist zu sehen war. Anscheinend hatten unsere Briefe an die Chefredakteure etwas genützt. Mike trug den Sarg in die Kirche, vorbei an unseren Freunden und unserer Familie. Er stellte ihn auf den Altar, der mit Blumen geschmückt war.

Ein blonder Chorknabe, um die zwölf Jahre, saß in der Nähe. Ich lächelte ihm kurz zu, und er lächelte zurück. Für ihn mußte dieser Tag ein sehr aufwühlendes Erlebnis gewesen sein. Nicht weit von ihm saß ein Mann, den ich noch nie gesehen hatte. Mir kam sofort ein Verdacht, schließlich hatte ich jahrelange Erfahrungen. Konnte er ein Journalist sein?

Mike und ich setzten uns neben Shirley und Oliver in die erste Reihe. Alex saß mit Jamie hinter uns. Beide Jungen waren still und andächtig, allerdings glaube ich, daß Jamie nur stillhielt, weil Alex ihm ununterbrochen Schokolade zusteckte.

Mit zitternder Stimme verlas Shirley die Bibelstelle ›Lasset die Kinder zu mir kommen‹, und Nick rezitierte das Gedicht ›Über dem hellen, blauen Himmel‹ von Albert Midlane.

Anschließend erhob sich der Chorjunge, um ›Nunc Dimittis‹ zu singen. Seine helle Stimme durchdrang die gespannte, beinahe erstickend traurige Stimmung. Und dann stand der Unbekannte auf und blies die Trompete. Natürlich! Er war kein Journalist, er war der Trompeter für ›Nunc Dimittis‹! Shirley und ich sahen uns kurz an. Sie hatte ihre Sache gut gemacht. Die Musik war wunderbar. Als wir die Kirche verließen, Mike trug den Sarg und ich faßte seinen Arm, flüsterte uns Fred Rason zu:

»Es tut mir leid, aber draußen scheint ein Fotograf zu stehen ...«

Es interessierte uns nicht mehr. Nach der Musik und den Texten waren wir völlig angespannt und befanden uns in einer anderen Welt. Deshalb registrierten wir gar nicht, daß unsere düsteren Gesichter mit einem großen Objektiv eingefangen wurden und sogar das Einladen des Sargs ins Auto auf Film festgehalten wurde.

Wir folgten Fred Rason zum Krematorium. Dort sahen wir, begleitet von leisen Orgelklängen, zu, wie der kleine Sarg, bedeckt mit unserem Feldblumenstrauß, langsam in der Tiefe verschwand. Meine Schwestern sagten, ich sei weiß wie eine Wand gewesen, als wir zum Haus meiner Eltern zurückkehrten. Wir waren beide völlig fertig. »Unser kleiner Supi hatte einen Trompeter«, wiederholte ich immer wieder für jeden, der es hören wollte. »Unser kleiner Sohn hatte einen Trompeter ...«

Wir legten seine ganzen Blumen auf den Rasen. Meine Schwester Sue nahm eine Blüte aus jedem Strauß, um sie für uns zu trocknen. »Von wem sind denn diese Blumen«, fragte Mikes Mutter und zeigte auf einen der Sträuße.

»Von Becky«, sagte ich.

Mikes Mutter hatte plötzlich Tränen in den Augen. »Das hat Supi also geschafft«, sagte sie. »Er hat Mike und Becky wiedervereint.« Und sie blickte zum Sofa, wo Mike und Shirley saßen. »Und die zwei hat Supi auch wieder zusammengebracht. Er hat in seinem kurzen Leben soviel Gutes getan.«

14. Kapitel

Am selben Nachmittag, als wir uns immer wieder fragten, wie wir je mit diesem Schmerz fertigwerden sollten, erhielt Jon Roseman einen Anruf. Es war die *Sun*.

»Sie sagen, sie hätten ein sehr eindrucksvolles Foto von der Trauerfeier, was sie auf die Titelseite bringen wollen«, übermittelte er uns. »Sie lassen fragen, ob ihr ihnen die Abdruckgenehmigung erteilt.«

Genehmigung? Seit wann fragte die *Sun* denn nach einer Genehmigung, wenn sie etwas drucken wollte? Unsere Antwort war kurz und bündig: »Nein«, sagte Mike. »Wir haben alle gebeten, sich zurückzuhalten. Sag ihnen nein, sie bekommen auf keinen Fall die Genehmigung.«

Jon gab die Nachricht weiter – doch nach einer halben Stunde riefen sie ihn schon wieder an. Jon, dem es sehr unangenehm war, uns an so einem Tag mit diesen Dingen belästigen zu müssen, nahm Mike und mich erneut zur Seite: »Es tut mir leid, daß ich euch das nicht ersparen kann«, sagte er. »Aber sie bestehen darauf, daß ich ihnen alle Einzelheiten berichte. Sie behaupten, nicht in eure Trauerfeier eingedrungen zu sein. Angeblich haben sie die Fotos von einem freien Fotografen bekommen. Sie sagen, es sei ein sehr dramatisches und sehr beeindruckendes Foto von euch beiden mit dem Sarg. Sie möchten es gerne für einen Spendenaufruf zugunsten der Kindstod-Forschung benutzen. Sie sagen, sie würden es auf jeden Fall drucken, es wäre ihnen aber lieber, wenn sie eure Zustimmung hätten.«

Mike schnappte nach Luft. Er war den ganzen Tag tapfer und gefaßt gewesen, aber jetzt riß ihm die Geduld. Er wandte sich an Jon und schrie: »Haben die plötzlich ein schlechtes Gewissen, weil sie sich in unser Privatleben eingemischt haben? Ich kann mir vorstellen, daß sie gerne unsere Zustimmung hätten, dann wären sie fein aus dem Schneider, nicht wahr? Nein, sie bekommen unsere Genehmigung nicht! Wir haben darum gebeten, der Trauerfeier fernzubleiben – und alle anderen haben sich daran gehalten. Es wäre ziemlich dumm von uns, wenn wir ihre Aktion gutheißen würden, nur weil sie angeblich Geld sammeln wollen.«

Und bei dieser Haltung blieben wir. Wir hörten nichts weiter von ihnen. Aber zumindest waren wir nun auf den Schock vorbereitet, der uns am nächsten Tag erwartete. Denn unser Foto war nicht nur auf der Titelseite der *Sun*. Es war die Titelseite. Die Schlagzeile, in großen Lettern, lautete: UNSER KLEINER LIEBLING. Es gab nur ganz wenig Text. Ganz unten unter dem Bild stand einfach: ›Spenden bitte an die Stiftung zur Erforschung des Plötzlichen Kindstods‹, danach war die Adresse angegeben.

Es war in der Tat ein sehr eindrucksvolles Foto. Sehr privat, natürlich, aber zweifellos packend. Mit gemischten Gefühlen schauten Mike und ich es uns an. Als die Menschen, die direkt betroffen waren, nämlich als die Eltern des Kindes in dem kleinen Sarg, waren wir verstört und erbost über das Eindringen in einen unserer privatesten Momente. Aber als Fernsehjournalisten erkannten wir zugleich die Wirkung dieser eindrucksvollen Fotografie. »Ich bin trotzdem froh, daß wir ihnen die Genehmigung dafür nicht erteilt haben«, sagte Mike.

Aber so einfach war es nicht. Innerhalb von vierundzwanzig Stunden waren wir zu Opfern des ständigen Auflagenkrieges zwischen den Boulevardblättern geworden. Wieder mußte der arme Jon Roseman Anrufe entgegennehmen, diesmal von einem verärgerten *Daily Mirror*, der uns des Komplotts bezichtigte. Man warf uns vor, mit der *Sun* gemeinsame Sache gemacht zu haben. Demnach hätten wir alle anderen Zeitungen gebeten, der Trauerfeier fernzubleiben, und der *Sun* die Exklusivrechte zur Berichterstattung eingeräumt. Wir konnten es kaum glauben. Gerade hatten wir die Bestattung unseres eigenen Kindes hinter uns, da beschuldigte man uns einer derart hinterlistigen Machenschaft. Wir beauftragten Jon, sich unverzüglich mit beiden Zeitungen in Verbindung zu setzen. Dem *Daily Mirror* machte er unmißverständlich klar, daß sie sich irrten. Und der *Sun* drohte er an, sie sofort zu verklagen, wenn sie nicht in der nächsten Ausgabe klarmachten, daß sie gegen unseren Willen und ohne unsere Genehmigung gehandelt hatten. Sie gaben nach und schrieben ein paar Zeilen. Es war ein winziger Artikel. Ganz unten auf einer völlig anderen Seite.

Aber sie hatten recht, was die Wirkung ihres Fotos anging. Die Stiftung registrierte unzählige Anrufe, Ärzte aus dem ganzen Land gaben an, daß sie von verunsicherten Müttern bestürmt würden, die Angst hatten, ihr Baby könne ebenfalls einfach aufhören zu atmen.

»Wir können sie nicht ganz beruhigen«, sagte eine Sprecherin bei einer Pressekonferenz im Fernsehen. »Der Plötzliche Kindstod kann jederzeit zuschlagen, und die betroffenen Babys waren in der Regel bis zu ihrem Tod kerngesunde Kinder. Es gibt keine nachweisbaren Ursachen für den Plötzlichen Kindstod. Die Eltern müssen sich auf ihren Instinkt und ihre Vernunft verlassen und einen Arzt aufsuchen, wenn sie sich Sorgen machen. Es ist eine Schande, daß erst das Baby einer bekannten Persönlichkeit sterben muß, ehe das Thema in die Presse kommt.«

Eine Frau schrieb mir, die das Titelfoto der *Sun* gesehen hatte. Ihr Brief machte mir klar, wie lange meine Trauer andauern konnte.

Liebe Frau Diamond,

ich möchte Ihnen nur ein paar Zeilen schreiben, um Ihnen mitzuteilen, wie leid mir der tragische Tod Ihres kleinen Jungen tut. Beim Anblick Ihres Mannes mit dem kleinen weißen Sarg bin ich in Tränen ausgebrochen. Ich mußte wieder daran denken, wie ich meinen kleinen, neun Wochen alten Robert zu Grabe getragen habe. Er starb nicht in seinem Bettchen, sondern im Kinderwagen. Als ich ihn hinlegte, war noch alles in Ordnung.

Man sagt, die Zeit heile die Wunden, aber glauben Sie mir, Frau Diamond, Sie werden es nie vergessen. Mein Robert wäre heute fünfzig. Ich weine jedesmal, wenn ich zu seinem Grab gehe. Und ich bin jetzt 77 Jahre alt.

Alles Gute für Sie, Ihren Mann und Ihre Söhne.

Betty Davies

In gewisser Weise bewunderten wir die Dreistigkeit und die eisernen Nerven des Mannes, der Chefredakteur der *Sun* war. Kelvin MacKenzie war eine Legende im Zeitungsbetrieb. Man sprach hinter vorgehaltener Hand über ihn, nicht aus Abneigung, sondern weil jeder ihn fürchtete.

Er ging skrupellos zu Werke, trug das große, rote und nicht immer gerechtfertigte Banner der ›Exklusivität‹ vor sich her, wo andere Chefredakteure sich nicht hinwagten. Und dazu benutzte er ein Vokabular, bei dem selbst ein Bauarbeiter rot wurde.

Nachdem er uns in unserer verletzlichsten Minute getroffen hatte, besaß er noch die Stirn, uns anzurufen und uns zu einem Frühstück einzuladen. Er wollte mit uns über eine Benefizkampagne zugunsten der Kindstod-Forschung sprechen.

Die Nachricht, die wir aus seinem Büro erhielten, war kurz und prägnant: Sie hätten eine Flut von Leserreaktionen auf ihre Titelseite erhalten und planten nun eine *Sun*-Kampagne. Bei ihrem letzten Spendenaufruf hatten sie innerhalb kürzester Zeit sehr viel Geld zusammenbekommen. Auch diesmal lautete die unmißverständliche Drohung: ›Wir werden es auch ohne Sie durchziehen, doch es wäre sehr viel effektiver, wenn Sie uns unterstützten. Aber nochmals: Wir machen es auch ohne Ihre Hilfe.‹ Unter normalen Umständen nannte man das Erpressung. Im Journalismus war es Tagesgeschäft.

Uns behagte der Gedanke nicht, derart manipuliert zu werden. Andererseits gefiel uns die Idee, Geld für Forschungen zu sammeln. Durch die vielen Briefe, die wir erhielten, begriffen wir allmählich die Tragweite menschlichen Leids, für das dieser Killer mit dem

Namen ›Plötzlicher Kindstod‹ verantwortlich war. Wir wollten immer noch wissen, woran unser Kind gestorben war. Und wenn das der einzige Weg war, die Dinge voranzubringen ... Widerstrebend stimmten wir einem Treffen mit Kelvin MacKenzie und seinem Mitarbeiter Neil Wallis zu.

Wir trafen uns im West End Hotel zum Frühstück, obwohl ich nicht den Eindruck hatte, daß irgend jemand etwas gegessen hat. Wir vermuteten, Kelvin sei einer der Journalisten, die gerne Distanz zwischen sich und ihren Opfern halten. Es ist einfach, über jemanden herzufallen, ihn zu zerreissen und seinen Ruf zu zerstören, wenn man die betreffende Person nicht kennt. Hat man ihr einmal in die Augen gesehen und erkannt, daß es sich um einen Menschen handelt, erfordert das viel mehr Courage.

Wir hatten beide das Gefühl, daß Kelvin sich in seiner Haut nicht ganz wohl fühlte. Er kam schnell zum Geschäft. »Die *Sun* unternimmt normalerweise keine Spendenaufrufe«, erklärte er knapp. »Genaugenommen hat sie das in ihrer ganzen Geschichte erst einmal getan. Aber wenn sie es tut, dann mit Erfolg. Und da die *Sun* die größte Auflage im ganzen Land hat, kriegt sie verdammt viel Geld zusammen.«

»Wieviel?« wollten wir wissen.

»Nun, das letzte Mal hatten wir über eine halbe Million Pfund«, antwortete er.

Wir lehnten uns zurück und tranken unseren Kaffee. Vergeblich bemühte ich mich, das Zittern meiner Hand zu verbergen.

»Wir möchten, daß der Spendenaufruf Ihren Namen trägt«, erklärte MacKenzie. »Aber vergessen Sie nicht, wir werden ihn auch ohne Ihre Hilfe durchziehen. Ich denke nur, wenn Sie mitmachen, haben wir noch mehr Erfolg.«

Es war uns fast unmöglich, nein zu sagen. Wir wägten die Vor- und Nachteile ab. Manche Leute unterstützten vielleicht nicht gerne eine Kampagne, die so eng mit einem Boulevard-Blatt zusammenhing. Außerdem könnten uns die anderen Zeitungen wegen dieser Aktion kritisieren. Andererseits gab es eine Menge *Sun*-Leser, etwa zwölf Millionen, und es waren genau die Leute, die ein so emotionsbeladenes Thema ansprach. Persönlich wäre uns eine Kampagne im *Daily Telegraph* oder in der *Sunday Times* lieber gewesen, aber sie würde nicht so viele Leser erreichen.

Wir stimmten zu. Doch zunächst galt es, eine alte Geschichte aus der Welt zu schaffen. Zwischen uns und der *Sun* lief noch immer der Rechtsstreit um das Interview mit unserem Kindermädchen Debbie vor vier Jahren. Und den würden wir auf keinen Fall aufgeben. Auch Kelvin blieb stur. Nie und nimmer würde die *Sun* sich entschuldigen.

Aus Achtung vor Supi einigten sich beide Seiten schließlich auf einen Kompromiß: Die *Sun* sollte 10.000 Pfund in den neuen Spendentopf einzahlen, und wir würden dieses Geld offiziell als Gemeinschaftsspende von uns und der *Sun* deklarieren.

Dies zeigte, daß Auseinandersetzungen, egal wie hart sie sind, mit ein bißchen guten Willen durchaus geschlichtet werden können. In dieser Angelegenheit erkannte selbst der härteste Journalist Londons die bessere Alternative.

Mike vertiefte sich in lange Diskussionen mit Anwälten beider Seiten, um die Modalitäten des Spendenaufrufs festzulegen. Ich schrieb in der Zwischenzeit einen kurzen Artikel, mit dem die ganze Aktion in der *Sun* gestartet werden sollte. Zum erstenmal würde auch Supis Foto veröffentlicht werden. Ich hatte in den Zeitungen der letzten Tage so viel über seinen Tod gelesen, aber niemand hatte um sein Foto gebeten. Jetzt fand ich es an der Zeit, der Welt zu zeigen, wie hübsch er war.

Als wir Neil Wallis die Fotos gaben, schaute er sie lange an, und dann schluckte er. Er erzählte uns, daß auch er die Sorge um ein Kind kannte, das um sein Leben kämpft. Seine kleine Tochter hatte wochenlang im Inkubator gelegen und wäre fast gestorben. Wieder betrachtete er die Schnappschüsse von Supi in seiner Wippe, von Supi und seinen Brüdern an dem Tag, als er den Inkubator zum erstenmal verlassen durfte, von Supi und Mike und von Supi und mir auf Zypern. »Was für ein schrecklicher Verlust«, sagte er erschüttert.

Mein Artikel trug den Titel ›Warum mußte mein Baby sterben? – Anne Diamond ruft zu Spenden zugunsten der Kindstod-Forschung auf‹. Er nahm die gesamte Titelseite in Anspruch und lautete:

Am Freitag, dem 12. Juli, fand ich morgens um zehn vor acht unseren kleinen Sohn Sebastian tot in seinem Bettchen auf. Er war vier Monate alt.

Meine Familie steht noch immer unter Schock, wir können es noch gar nicht richtig fassen. Der obduzierende Arzt sagte meinem Mann Mike und mir, daß Sebastian am Plötzlichen Kindstod gestorben sei.

Was uns bisher niemand sagen konnte, weder damals noch heute, ist, warum er starb. Wir stellen uns ständig diese Frage, und man rät uns immer wieder nur, uns nicht länger damit zu quälen. Aber natürlich müssen wir diese Frage stellen, immer wieder, bis uns jemand eine Antwort gibt.

Wir wissen inzwischen, daß an dem Tag, als wir Sebastian verloren, vier weitere Babys am Plötzlichen Kindstod starben. Sicher fragen auch diese vier Elternpaare – ebenso wie wir – ›WARUM‹.

Darunter stand in breiten Lettern: ›Helft uns, den Plötzlichen Kindstod zu besiegen!‹ und dann folgten die Familienschnappschüsse.

›Wenige Wochen, nachdem diese Fotos gemacht worden sind, wurde diese glückliche Familie auseinandergerissen, weil der kleine Sebastian am Plötzlichen Kindstod starb‹, schrieb Neil dazu und weiter:

›Vier andere Familien, die wahrscheinlich ähnliche Schnappschüsse aus glücklichen Tagen besitzen, traf an jenem Tag das gleiche Schicksal. Alle sind sie Opfer eines schrecklichen Syndroms, das jedes Jahr 2.000 so hübsche, fröhliche Babys tötet.

Das muß ein Ende haben. Deshalb haben Anne und Mike uns ihre privaten Fotos zur Verfügung gestellt.

Und deshalb startet Anne zusammen mit der *Sun* die Diamond-Kampagne zugunsten der Kindstod-Forschung mit einer gemeinsamen Spende von 10.000 Pfund. Bitte machen Sie mit.

Helfen auch Sie durch Ihre Spende, dem Plötzlichen Kindstod ein Ende zu bereiten.‹

Als ich den Text vor der Veröffentlichung las, war mir klar, daß es sich um billigen Sensationsjournalismus handelte. Die Zeilen waren im typischen *Sun*-Jargon verfaßt, doch zugleich wußte ich, daß sie ihr Ziel nicht verfehlen würden. Außerdem hatte man uns versprochen, die Telefonnummer einer Beratungsstelle anzugeben. Ich fand, daß eine Zeitung, die ein Thema behandelte, das Massenängste erzeugen würde, diese Ängste in die richtigen Kanäle lenken sollte. Zumindest konnte man Ratsuchenden auf diese Weise kompetente Ansprechpartner vermitteln.

Von diesem Tag an rollte der Rubel. Die Zeitung gab ständig den neuesten Kontostand bekannt. Eines Tages veranstaltete sie eine Telefonauktion. Stars wie George Michael und Elton John stellten persönliche Dinge zur Verfügung. Allein an diesem Tag kamen 35.000 Pfund zusammen.

Sebastian begann, seine Spuren in dieser Welt zu hinterlassen. Aber ich hatte noch immer keine Ahnung, wie tief und folgenreich diese Spuren sein würden.

15. Kapitel

Wir mußten dringend einmal raus aus London. Also fuhren Mike, Shirley, die Jungen und ich in das Hotel im Lake District, in dem wir ein paar verregnete und windige, aber schöne Tage mit Supi verbracht hatten. Für Mike war dieser Urlaub von besonderer Bedeutung, denn sein alter Freund John Chapman lebte in der Gegend. Ich hatte die Zuneigung und Unterstützung meiner besten Freundin Shirley, und auch Mike brauchte jetzt dringend einen Freund, mit dem er reden konnte. Und John war so ein Freund. Er und seine Frau Sue saßen stundenlang mit uns zusammen und hörten uns zu.

Die beiden hatten zwei fast erwachsene Töchter, die sicher bald das Haus verlassen würden. Dann wollten John und Sue ein neues Haus kaufen mit einem ausreichend großen Grundstück, um Pferde zu halten. Sue war schon sehr aufgeregt, denn das hatte sie sich immer gewünscht.

Wenige Tage später überfiel mich zum erstenmal ein schreckliches Gefühl des Verlustes, das mich noch Monate verfolgen würde. Mike und ich, Shirley und die Jungen machten einen Einkaufsbummel durch Carlisle, einer hübschen kleinen Stadt. In unserem letzten Urlaub hatten wir das auch getan, und ich hatte damals nach einem Kinderwagen für Supi Ausschau gehalten. Jetzt sah ich nur noch Babys in ihren Kinderwagen.

Kleine lachende, strampelnde Babys, die mir entgegengeschoben wurden, an mir vorbei- und von mir wegfuhren. Jedesmal wenn ich ein Paar Beinchen in einem Buggy sah, schaute ich in das Gesicht des Babys, ob es nicht vielleicht Supi wäre. Wenn ein Buggy an mir vorüberfuhr, ohne daß ich das Gesicht des Kindes sehen konnte, verfolgte ich ihn mit meinen Blicken, und meine Beine jagten ihm geradezu hinterher, bis ich mich vergewissern konnte, daß er es nicht war. Auch wenn wir im Auto saßen, spähte ich in jeden Kinderwagen. Und dann wurde mir klar, was ich tat, und ich brach in Tränen aus.

Warum suchte ich nach ihm? Ich wußte doch, daß er tot war. Ich hatte seinen toten Körper gesehen. Und dennoch verspürte ich das dringende Bedürfnis, den Zwang, mich zu vergewissern, daß Supi nicht in diesem Kinderwagen saß oder in jenem ... Ich war verzweifelt. Wurde ich jetzt verrückt? Stand ich kurz davor, jemand Fremden das Kind wegzunehmen? War es das, was Frauen zu Kindesentführerinnen werden ließ?

Aber ich wollte nicht irgend jemandes Baby, ich wollte meins. Ich wollte Supi so sehr, daß meine Arme schmerzten. Meine Brüste, die das Stillen ja längst nicht mehr gewohnt waren, brannten, weil ich ihn gerne füttern wollte. Ich hörte sein fröhliches Gurgeln an jeder Ecke. Ich sah seine strampelnden Beinchen in jedem Kinderwagen. Und die Enttäuschung, wenn ich feststellte, daß es nicht sein Gesicht war, machte mich verrückt. Mitten auf der belebten Fußgängerzone blieb ich stehen und begann zu weinen. Mike, Shirley und die Jungen standen um mich herum und versuchten mich zu trösten.

Sicher gaben wir ein seltsames Bild ab, doch niemanden schien das zu kümmern. Wer mich erkannte, wußte ja, was geschehen war. Überhaupt empfand ich die Warmherzigkeit vieler Fremder als sehr tröstend. Einige unserer Freunde und Bekannten hingegen schienen uns lieber aus dem Weg zu gehen. Ein alter Kollege vom Fernsehen sah mich in einem Geschäft auf sich zukommen. Ich konnte an seinen Augen erkennen, daß er nach einer Fluchtmöglichkeit suchte. Aber er konnte uns nicht aus dem Weg gehen. Statt dessen steckte er die Hände in die Manteltaschen und sagte einfach irgend etwas – etwas, das er bestimmt lieber nicht gesagt hätte, da war ich sicher. »Hallo! Lange nicht gesehen. Wie geht's denn so?«

Ganz offensichtlich wäre er am liebsten im Erdboden versunken.Wir gingen in eine Kirche, wo ich meine Kerzen anzündete, obwohl ich inzwischen nicht mehr glaubte, daß mich da oben jemand sah. Maria, die den kleinen Jesus im Arm hielt, schaute auf mich herab. Wie hatte Christus' Mutter es nur zulassen können, daß mir mein Sohn genommen wurde? Sie mußte die Schmerzen eines solchen Verlustes doch kennen. Dennoch betete ich vor ihrer Statue. Ich hatte die Hoffnung noch nicht aufgegeben, daß ich nur lange genug beten müsse, um Supi zurückzubekommen.

Ich betete bis spät in die Nacht, als Mike neben mir im Bett längst schlief. Ab und zu wurde er wach und fand mich weinend vor. Dann tröstete er mich, aber er dachte, ich würde nur um meinen Sohn trauern. Das tat ich nicht. Ich betete so angestrengt, daß ich das Gefühl hatte, mein Gehirn würde platzen.

Wenn es Wunder gibt, dann wünsche ich mir jetzt eins, bat ich Gott. Ich werde die erste Mutter in der ganzen Geschichte der Menschheit sein, die sich einfach weigert, den Tod ihres Kindes anzuerkennen. Ich werde einfach nicht hinnehmen, was mir das Schicksal auferlegt hat, ich will es einfach nicht akzeptieren.

Ich betete und betete. Ich werde sie auf die Probe stellen, nahm ich mir vor. Wenn Gott und sein Sohn Wunder bewirken konnten, dann sollten sie es mir jetzt beweisen. Aber am nächsten Morgen hatte sich nichts geändert.

Zwei Tage nachdem wir nach Hause zurückgekehrt waren und einen ruhigen Sonntagmorgen mit Oliver und Jamie genießen wollten, erhielt Mike einen Telefonanruf von Sue aus Carlisle. Sie hatte eine schockierende Nachricht. John war tot. Er hatte seinen Hund an diesem Morgen ausgeführt und war dabei tot auf dem Bürgersteig zusammengebrochen. Er hatte einen Herzinfarkt erlitten. Nur kurze Zeit nach der Bestattung seines eigenen Sohnes fand sich Mike also auf der Beerdigung seines besten Freundes wieder. Hunderte von Trauergästen waren gekommen, denn John war ein sehr bekannter und beliebter Mann gewesen.

Sue und ich fielen uns in die Arme. Wie gut konnte ich ihren Schmerz nachempfinden! John hatte eine große Beerdigung, es war eine Demonstration der Gefühle aller, die ihn gekannt hatten. Supis Trauerfeier war dagegen sehr intim gewesen, aber die Emotionen waren genauso stark. Mir wurde klar, daß der einzige Unterschied zwischen den beiden Menschen, die wir gerade verloren hatten, die Größe ihrer Särge war. Denn obwohl Supi nur viereinhalb Monate gelebt hatte (plus weiteren acht in mir), war seine Wirkung auf die

Menschen, die ihn gekannt hatten, so groß gewesen, als hätte er fünfzig Jahre gelebt.

Manche Leute, vor allem solche, die keine Kinder hatten, sagten zu mir: ›Ist es nicht gut, daß Sie eigentlich kaum Zeit hatten, sich an Ihren Sohn zu gewöhnen? Er war ja nur so kurze Zeit bei Ihnen.‹ Im Grunde war das ein sehr unsensibler Gedanke, obwohl sicher viele Menschen so über den Tod eines Babys denken. Sie können nicht verstehen, daß unser Baby ein Teil unseres Lebens war. Von dem Moment an, als wir von seiner Existenz erfahren hatten, war er zu einem Mitglied unserer Familie geworden. Er wurde automatisch mit in das Programm einbezogen, das unser zukünftiges Leben bestimmte. Mit sechs Monaten würde er sitzen, mit neun krabbeln. Wir brauchten ein weiteres Kinderzimmer und mehr Geld für Schulbücher. Und einen Platz mehr im Flugzeug, wenn wir Urlaub machten. Ob er wohl einmal studieren würde? Ob seine Freundinnen mir gefallen würden?

Wir hatten nicht bloß ein viereinhalb Monate altes Baby verloren. Wir hatten ein Schulkind verloren, einen Teenager, einen Pubertierenden mit Pickeln, einen Studenten, einen jungen Mann, einen Vater von eigenen Kindern – unseren Enkeln. Und dieses Programm duldete Supis plötzlichen Ausfall nicht. Ich war noch immer die Mutter eines viereinhalb Monate alten Jungen. Alle mütterlichen Instinkte, die automatischen Reaktionen, sogar mein physischer Zustand (ich hatte immer noch etwas zuviel Gewicht, was mich aber nicht mehr kümmerte) waren Teil des Programms, das so drastisch unterbrochen worden war. Kein Wunder, daß ich mich so schlecht fühlte. Und während ich in diesem Gefühl der Hoffnungslosigkeit zu ertrinken drohte, erhielt Mike einen Anruf von einer Frau namens Linda McDougall.

»Wer ist das?«

»Sie ist eine bekannte Filmproduzentin und macht vor allem Dokumentationen«, erklärte Mike. »Außerdem ist sie die Frau eines Politikers.«

»Was will sie?«

»Das wollte sie mir nicht sagen. Sie tat sehr geheimnisvoll. Sie möchte sich mit mir zum Essen treffen und will auf keinen Fall, daß du mitkommst ...«

Mike kam seltsam aufgeregt von diesem Essen zurück und war sehr darauf bedacht, mir möglichst wenig zu erzählen.

»Sie ist aus Neuseeland«, begann er.

Schön, schön, dachte ich. Nett, ihr Herkunftsland zu erfahren. Aber was hatte sie so Wichtiges zu besprechen?

»Also, eigentlich möchte sie dir das alles selbst erzählen. Es geht um den Plötzlichen Kindstod. Anscheinend gibt es in Neuseeland Experten, die eine Lösung gefunden haben könnten.«

Also willigte ich ein, mich ebenfalls mit Linda McDougall zu treffen. Sie hatte zunächst Mike angesprochen, weil sie nicht wußte, wie ich auf das reagieren würde, was sie uns zu erzählen hatte. Es war das erste und letzte Mal, daß ich erlebt habe, daß Linda auf die Gefühle von jemand anderem Rücksicht genommen hat. Ich traf sie in einem kleinen Restaurant in der Nähe der Klinik.

Linda war eine bemerkenswerte Frau, das war mir sofort aufgefallen. Sie war um die vierzig, schlank und hatte kurzes blondes Haar. Sie war eine der Journalistinnen, der eine Story mehr bedeutete als der Glanz des Fernsehens. Sie empfand es als ihre Pflicht, die Wahrheit aufzudecken und sie dann ans Licht der Öffentlichkeit zu bringen. Linda war eine kühle Realistin, die manchmal vergaß, nett zu sein. Heute jedoch war sie sanft wie ein Lamm. Dabei ließ sie eine Bombe hochgehen.

»Meine Mutter schickt mir regelmäßig Zeitungen aus Neuseeland, damit ich die Neuigkeiten von dort erfahre«, begann sie. »Und in einer von ihnen las ich etwas sehr Bemerkenswertes ...« Sie beugte sich vor und sah mir in die Augen. »In Neuseeland gab es eine riesige Aufklärungskampagne zum Plötzlichen Kindstod. Wußten Sie das?«

Ich schüttelte den Kopf.

»Offensichtlich haben sie eine Möglichkeit entdeckt, die Todesrate zu senken. Und sie hatten unglaublichen Erfolg damit. Es hat etwas damit zu tun, wie die Babys schlafen – und mit überheizten Räumen und Rauchen. Sie raten Müttern in Neuseeland, bestimmte Dinge zu beachten, und es funktioniert.«

Wieder hatte ich das Gefühl, als würde mein Herz explodieren. Ich spürte es durch meine Rippen hindurch heftig schlagen. Wie an dem Morgen, als ich Supi fand.

»In welcher Lage hat Ihr Baby geschlafen?« fragte Linda McDougall. Es war das zweitemal, daß man mir diese Frage stellte.

»Auf dem Bauch«, antwortete ich. »So soll man sie schlafen lassen, es ist besser für sie.«

»Nein, ist es nicht«, widersprach Linda. »Offensichtlich ist es gerade das, was sie tötet. Oder genauer gesagt«, korrigierte sie sich, »es ist das, was sie anfällig macht für den Plötzlichen Kindstod.«

Ich sah sie an und versuchte zu begreifen, was sie gerade gesagt hatte. Und dann kamen mir unzählige Fragen.

»Ich weiß darauf auch keine Antworten«, sagte Linda kopfschüttelnd. »Aber finden Sie nicht auch, daß jemand diese Fragen für alle die Mütter stellen sollte, die nicht möchten, daß ihre Babys so sterben wie das von Anne Diamond?«

Ich verstand sofort, was sie meinte. Wir Journalisten mußten diese Fragen stellen. Wir mußten nach Neuseeland fliegen und uns erkundigen, was sie dort herausgefunden hatten. Konnte man den Plötzlichen Kindstod tatsächlich verhindern? Wie? Und wieso wußten wir dann hier nichts davon?

Und dann kam mir eine Frage, die sich mir wie eine Lanze ins Herz bohrte: Hätte ich Supi retten können?

16. Kapitel

So fanden wir uns an einem kalten, regnerischen Morgen, 18.000 Kilometer von Zuhause entfernt, an einem feuchten, wenig einladenden Strand der Nordinsel Neuseelands wieder.

»Dies hier ist normalerweise eine unserer größten Touristenattraktionen«, erklärte Linda enttäuscht. »Der Waihi-Strand. Gewöhnlich wimmelt es hier nur so von Surfern und Sonnenanbetern. Ich fürchte, bei diesem Wetter kriege ich nicht ganz die Aufnahmen, die ich mir wünsche ...«

Es war der erste Drehtag. Linda hatte extra ein Strandhaus gemietet, in dem wir uns zwischendurch vor der Sonne schützen konnten, aber es war Oktober – und heute war ein feuchter und ungemütlicher neuseeländischer Frühlingstag. Shirley, Alex und die Jungen begleiteten mich. Seit Supis Tod waren erst acht Wochen vergangen, und wir waren noch sehr angeschlagen. Ich hatte die Kinder nicht zurücklassen können, wenn ich um die halbe Welt flog, also waren sie mitgekommen. Sollten wir tatsächlich herausbekommen, warum Supi gestorben war, dann war das ohnehin Sache der gesamten Familie. Oliver hatte das schon verstanden und seinen Freunden im Kindergarten erzählt, er würde nach Neuseeland fliegen, um herauszufinden, woran sein kleiner Bruder gestorben war.

Mike hatte berufliche Verpflichtungen und konnte nicht von Anfang an dabeisein. Er machte sich ein wenig Sorgen, daß ich ohne seinen Schutz der gefürchteten Linda McDougall ausgeliefert sein würde. Mike und ich legten großen Wert darauf, diesen Dokumentarfilm von Anfang bis Ende mitzugestalten, denn neben der medizinischen Seite spielte auch unsere persönliche Geschichte eine wichtige Rolle darin. Zugleich klangen uns noch die Worte von Pater Fred Rason in den Ohren: ›Mit dem, was ihr jetzt tut, werdet ihr für immer leben müssen.‹ Also wurde Shirley zu meinem Bodyguard ernannt und bekam strikte Anweisung, ein Auge auf Linda zu halten.

Zunächst ging alles schief. Kurz nachdem wir angekommen waren, völlig erledigt von dem 26stündigen Flug nach Auckland, wurde ich zu einer Besprechung mit Linda und dem Co-Produzenten Jan Euden gebeten. »Die Story hat sich gegenüber unseren ursprünglichen Plänen erheblich verändert«, verkündeten sie. Was hatte das zu bedeuten? Meine Nackenhaare sträubten sich. »Und das heißt?«

»Nun«, begann Jan, der die letzten Wochen damit verbracht hatte, den Forschungsstand über den Plötzlichen Kindstod in Neuseeland zu recherchieren, »es geht nicht um die eigentlichen Ursachen des Plötzlichen Kindstods, nicht um die Mechanismen des Todes, denn die kennt man hier auch nicht.«

Aber war ich nicht deswegen hierhergekommen und hatte die lange Reise auf mich genommen? »Sie haben bisher lediglich eine Möglichkeit gefunden, das Risiko des Plötzlichen Kindstods zu mindern.«

Das klang für mich nicht besonders aufregend. Ich wollte wissen, was der Plötzliche Kindstod *war*. Ich hatte inzwischen so viel darüber gelesen. Es gab Theorien, nach denen die Babys aufhören zu atmen, weil sie zu tief schlafen. Ich hatte gehört, daß Streß möglicherweise eine Rolle spielen konnte. Demnach ließen wir unsere Babys zu lange allein in ihren Bettchen, oft hungrig und mit leeren Mägen, weil wir von ihnen erwarteten, daß sie nachts durchschliefen, ohne gefüttert zu werden. Ich hatte deshalb ein schlechtes Gewissen gehabt, mich dann aber mit dem Bericht des Pathologen getröstet, nach dem man in Supis Magen noch Milchreste gefunden hatte. Er war also nicht hungrig gewesen.

Was war mit der Theorie, daß es sich um eine Kuhmilch-Allergie handeln könnte? Oder gegen Waschpulver? Oder daß es eine Reaktion auf elektromagnetische Felder sein könnte? Über alle diese Theorien hätte ich gerne mehr erfahren. Und nun sprachen Linda und Jan von etwas, das man Risikominderung nannte ... Was sollte das?

Innerhalb der nächsten Tage erfuhr ich, daß das, was man ›Risikominderung‹ nannte, Tausende von Babys retten würde. Und nicht nur neuseeländische Babys, sondern auch unsere Babys. Englische Babys. Und australische Babys und tasmanische Babys und niederländische Babys und französische Babys und belgische Babys und irische Babys und deutsche Babys und kanadische Babys und amerikanische Babys. Tatsächlich würde es überall dort Babyleben retten, wo es angewendet werden würde.

Also warteten wir am windigen Waihi-Strand auf meine erste Interviewpartnerin.

»Sie wird dir gefallen«, versprach Linda. »Sie ist sozusagen die ›Frau Kindstod‹ von Neuseeland. Es gibt nichts über den Plötzlichen Kindstod, das sie nicht weiß.«

Shirley Tonkin kam über den Strand geweht mit all der Energie, für die sie in ihrem Land bekannt war. Sie war ein kleines, zierliches Persönchen. Niemals hätte man vermuten können, daß sie eine Frau war, die ihr Leben den Kindern gewidmet hatte und deren Arbeit weltweit von Bedeutung sein würde. Sie war Kinderärztin und zunehmend beunruhigt über die steigende Zahl der Kindstod-Fälle, die sie während der Jahre miterlebt hatte. Tatsächlich hatte Neuseeland die höchste Kindstodrate auf der ganzen Welt, und niemand konnte sich erklären wieso.

Ich lief mit Shirley Tonkin den Strand auf und ab, während Linda und ihr Kameramann nach den richtigen Einstellungen suchten. Frau Tonkin kannte meine Geschichte – sie wußte alles über Supi –, und sie machte sich Sorgen um mich. »Wissen Sie, daß Sie eigentlich nicht hier sein dürften«, sagte sie streng. »Sie sollten zu Hause sein. Sind Sie sicher, daß Sie das, was sie hier vorhaben, tatsächlich auf sich nehmen wollen?«

Ich erzählte ihr von meinen Schwierigkeiten, andere Babys anzuschauen, und daß ich Supi in jedem Kinderwagen suchte.

»Das liegt daran, daß Sie seinen Tod noch nicht akzeptiert haben«, erklärte sie. »Sie suchen noch immer nach ihm.«

Wir müssen meilenweit gewandert sein, den nassen Strand auf und ab, während unser Gespräch aufgenommen wurde. Ich berichtete Shirley Tonkin, wie ich Supi gefunden hatte, auf dem Bauch, gegen die Gitterstäbe seines Bettchens gedrückt. Ich erwähnte den kleinen Abdruck auf seiner Stirn, wo sein Kopf das Gitter berührt hatte.

»In genau dieser Position finden wir eine Menge Babys«, sagte sie. »Viele hatten sich in eine Ecke des Betts manövriert und damit in eine Lage, aus der sie nicht wieder herauskamen.«

Sie sah mich besorgt an. »Glauben Sie wirklich, daß Sie diese Dokumentation machen können? Wären Sie jetzt nicht besser zu Hause bei Ihrem Mann und bereiteten sich auf den langen Lernprozeß vor, Ihre Trauer zu verarbeiten? Sie können nicht davonlaufen, wissen Sie das?«

Ich wußte es. Aber viel stärker als meine Trauer verspürte ich im Moment einen Drang nach Vergeltung. Ich wollte den Tod meines Sohnes vergelten. Ich wollte das töten, was ihn getötet hatte. Erst dann konnte ich mich in Ruhe auf meine Trauer einlassen.

Wir waren ins Gespräch vertieft, und ich fühlte mich zu der zierlichen Frau mit der großen Energie immer mehr hingezogen. Linda kam auf uns zugelaufen. »Das ist super!« rief sie. »Ich möchte, daß ihr noch einmal bis zum Ende des Strands zurücklauft und durch diesen Regenbogen geht ...« Ein riesiger bunter Lichtbogen hatte sich in der Ferne gebildet, der aus dem nassen Sand herauszuwachsen schien. Linda hatte eine gute Szene vor Augen – also marschierten wir pflichtgetreu zum Ende des Regenbogens.

Als wir diese Aufnahme beendet hatten, waren wir kalt und durchnäßt. Ich mußte Linda auf unsere Rückflugtickets ansprechen, um die sie sich kümmern wollte. Ich hatte nur sehr wenig Zeit für die Dreharbeiten in Neuseeland, da ich in einer Woche schon wieder einen Termin bei *TV Weekly* hatte. Es war wichtig, daß ich rechtzeitig nach London zurückkehrte, und Linda hatte versprochen, die Flüge zu buchen. Aber sie hatte sie noch nicht erwähnt.

»Linda, ich möchte mich noch einmal vergewissern, daß unsere Flüge gebucht sind.«

»Ach du lieber Himmel.« Sie seufzte. »Wie kannst du jetzt mit deinen Flügen anfangen? Ist dir denn nicht klar, wie wichtig das ist, was wir hier machen?«

»Ich wollte nur sichergehen. Wenn ich nicht rechtzeitig zurück bin, um *TV Weekly* zu machen ...«

Das war genau der falsche Weg, Linda zu überzeugen. Die Tatsache, daß ein anderes Programm so wichtig oder gar wichtiger sein könnte als ihr eigenes, übertraf ihre Vorstellungskraft.

»*TV Weekly* ist mein Job. Ich habe einen Vertrag unterschrieben, den muß ich erfüllen.« Ich seufzte. »Und du hast versprochen, dich darum zu kümmern.«

»Oh mein Gott«, seufzte sie melodramatisch. »Ich glaube, du setzt falsche Prioritäten ... Du hast eine völlig falsche Einstellung zu diesem Job!«

Jetzt sah ich rot. »Wie kannst du es wagen, mir vorzuwerfen, ich setzte falsche Prioritäten!« schrie ich sie an. Das Kamerateam zog sich sicherheitshalber zurück. »Ausgerechnet mir mußt du das sagen! Ich habe erst vor acht Wochen mein Baby verloren – ich denke, ich weiß, wie wichtig das hier ist!« Und mit diesen Worten stürmte ich davon.

Rückblickend war sie taktlos gewesen, und ich hatte überreagiert. Aber hatte ich dazu nicht alles Recht der Welt? Alex, Shirley und die Kinder waren im Strandhaus und breiteten Sandwiches, Kekse und Tee aus. Sie sahen mich in offensichtlicher Wut davonlaufen, dann stürmte Linda herein und stellte Alex zur Rede.

»Ist Ihre Chefin immer so empfindlich?« fauchte sie.

Mein ›Bodyguard‹ Shirley kam hinter mir her.

»Shirley, ich kann diese Frau nicht ausstehen«, beklagte ich mich. »Den ganzen Tag läßt sie uns den Strand auf und ab wandern. Warum? Dreht sie einen Reisefilm?«

Shirley legte den Arm um mich. »Komm, wir gehen zum Hotel und rufen Mike an.« Aber Mike war schon auf dem Weg zu uns. Er hatte seine Geschäfte in London überraschend schnell erledigt und würde innerhalb der nächsten vierundzwanzig Stunden in Auckland sein.

Am nächsten Tag besuchten wir Shirley Tonkin in ihrem Büro. Sie zeigte uns Videoaufnahmen, die sie mit einer Infrarot-Kamera von schlafenden Babys gemacht hatte. Es waren hauptsächlich vier Monate alte Babys, die klassischen Kindstodfälle. Man hatte sie zum Schlafen auf den Bauch gelegt, und sie waren nachts im Schlaf an das Fuß- oder Kopfende ihres Bettchens gerutscht. Shirley Tonkin interessierte sich besonders für Babys mit akuten Atemproblemen und für Babys, die eine Zeitlang unter Atemproblemen gelitten hatten, weil sie zu früh zur Welt gekommen waren. Sie kamen in der Kindstod-Statistik besonders häufig vor. Shirley vermutete, daß sie sich selbst in eine Lage manövrierten, in der es für sie schwierig wurde weiterzuatmen.

»Viele von ihnen bleiben in einer Ecke des Bettchens stecken«, erklärte sie. »Und obwohl sie sich in eine Richtung bewegen können, schaffen sie es nicht zurückzukommen.«

Sie erwähnte, daß es besonders gefährlich zu sein

schien, wenn die Bettchen an den Seiten mit Nestchen ausgekleidet waren. »Offensichtlich vergraben viele Babys ihre Gesichter in diesen Nestern.«

Hatten sich die Babys, die am Plötzlichen Kindstod gestorben waren, also selbst erstickt?

»Das ist schwierig zu beantworten.« Shirley Tonkin schüttelte den Kopf. Die Wand hinter ihr war voller Babyfotos, viele der Babys darauf waren gestorben. »Aber eines fiel mir auf, als ich alle die Eltern befragte, deren Babys am Plötzlichen Kindstod gestorben waren«, fuhr sie fort. »Als ich sie bat, zu beschreiben, wie sie ihre toten Babys gefunden haben, registrierte ich, daß alle ihre schrecklichen Berichte mit denselben Worten begannen ...«

»Mit welchen?« fragte ich.

»Sie sagten: ›*Als ich das Baby herumdrehte* ...‹«

Und? Worauf wollte sie hinaus?

»Nun, mir fiel auf, daß *alle Babys auf dem Bauch* gelegen hatten. Es gab kaum ein Baby, das die Eltern nicht umdrehen mußten, um in sein Gesicht zu sehen. Im großen und ganzen waren die Babys, die am Plötzlichen Kindstod starben, Babys, die auf dem Bauch schliefen.«

17. Kapitel

Am nächsten Tag setzte ich mich über meinen zunehmenden Unmut über Linda hinweg. Ich war neugierig darauf, weiterzuarbeiten und noch mehr herauszufinden. Wir wurden zu Aucklands größter Klinik gefahren, um uns dort mit Ed Mitchell zu treffen. Er war Kinderarzt und verantwortlich für die Datenbanken, die die weltweit neuesten Informationen über den Plötzlichen Kindstod verarbeiteten.

Er war ein netter Mann. In Großbritannien geboren, arbeitete er aber schon viele Jahre in Neuseeland. Hier hatte er die Untersuchungen geleitet, die herausbringen sollten, warum in diesem Land weltweit die meisten Kindstod-Fälle registriert wurden. Die schreckliche Bilanz hatte höchstes nationales Aufsehen erregt. Jeder Vater und jede Mutter in Neuseeland hatte entweder selbst ein Kind verloren oder kannte jemanden, dessen Baby am Plötzlichen Kindstod gestorben war.

»Wir konnten einfach nicht verstehen, woran das lag«, erklärte Ed. »Neuseeland hatte immer einen ausgezeichneten Ruf, was die Kinder- und Säuglingspflege angeht, und trotzdem haben wir mehr Babys durch Plötzlichen Kindstod verloren als alle anderen ... Wir mußten der Sache auf den Grund gehen. Also setzten wir uns zusammen und entwickelten das weltweit erste und umfassendste Forschungsprojekt zum Plötzlichen Kindstod.«

Ich erkundigte mich, wann das gewesen sei.

»Wir begannen 1988.« Ich speicherte dieses Datum in meinem Gehirn. Das war also vor drei Jahren.

Ed fuhr fort: »Wir starteten eine Umfrage, machten aber keine Laboruntersuchungen oder Reihenstudien – nein, wir untersuchten jeden Plötzlichen Kindstod, der auftrat.«

In Neuseeland wurde allen Eltern, die ihr Baby tot aufgefunden hatten, sofort ein Besuch abgestattet, entweder von Ed Mitchell oder von einem seiner Mitarbeiter. Sie waren im Umgang mit frisch verwaisten Eltern ausgebildet und wußten zugleich, daß die meisten Eltern sehr kooperationsfreudig waren. Alle wollten wissen, woran ihr Baby gestorben war.

Es wurde nach allem gefragt, was auch nur irgendwie relevant erschien. War es ein Mädchen oder ein Junge? Ein Stillkind oder ein Flaschenkind? Hatte er oder sie noch Geschwister?

Ging es dem Baby vorher nicht gut? Hatte es sich ungewöhnlich verhalten? War es an diesem Tag genauso wie sonst auch? Hatten die Eltern in letzter Zeit irgendwelche Gewohnheiten geändert?

Hatte das Baby vor kurzem an Husten, Erkältung oder einem grippalen Virusinfekt gelitten? Bekam es einen Schnuller? Rauchten seine Eltern? Tranken sie?

Alle diese Fragen und noch sehr viele mehr waren Teil des Untersuchungsprotokolls, mit denen später ein Computer gefüttert werden sollte.

»Unser Fragebogen enthielt auch einige Fragen zu den Schlafgewohnheiten des Kindes«, erläuterte Ed. »Denn damals kursierte in Medizinerkreisen die Theorie über die Bedeutung der Schlafposition, die allerdings nicht besonders ernstgenommen wurde. Wir nahmen die Frage in unsere Untersuchung auf, um die These zu überprüfen. Die gesamte Untersuchung sollte drei Jahre dauern.«

Nachdem die Eltern eines verstorbenen Babys befragt worden waren, wurden in der gleichen Gegend zwei weitere Familien besucht, die ein Kind im gleichen Alter hatten, und denen stellte man die gleichen Fragen. Es waren die sogenannten Kontrollfälle. Indem der Computer die Daten der toten Kinder mit denen der Kontrollfälle verglich, konnte er ein Bild konstruieren. Und schließlich konnte man auf diese Weise erfahren, warum das eine Baby in jener Nacht gestorben war und die beiden anderen nicht.

»Und was war die Lösung?« fragte ich.

»Nun, zunächst fütterten wir den Rechner nur mit Informationen«, erklärte Ed. »Erst nach etwa achtzehn Monaten spuckte er die ersten verläßlichen Informationen aus. Aber als das geschah, waren wir erstaunt. Die Babys, die gestorben waren, hatten fast ausnahmslos auf dem Bauch geschlafen.«

Ich war wie erstarrt. Ed Mitchell nahm meinen Arm. »Ist alles in Ordnung?« fragte er. »Vielleicht sollten Sie sich das hier lieber nicht zumuten. Sie können Ihrer Trauer nicht entfliehen – es wird Ihnen möglicherweise sehr weh tun.« Ich bat ihn, fortzufahren. »Nun, wir stellten fest, daß wir auch Babys erfaßt hatten, die man zum Schlafen auf den Rücken oder auf die Seite gelegt hatte. *Aber zu dem Zeitpunkt, als man sie tot auffand, lagen sie auf dem Bauch!* Sie hatten sich nachts umgedreht.«

Ed berichtete, daß diese Entdeckung die Ärzte und Wissenschaftler in große Aufregung versetzte – und in einen Konflikt. Die Ärzte fanden es unmoralisch, die

Studie fortzusetzen, ohne die neuseeländischen Mütter über das zu informieren, was man bisher herausgefunden hatte. Sie waren der Meinung, daß man Leben retten konnte, wenn man den Müttern riet, ihre Babys zum Schlafen nicht auf den Bauch zu legen. Die Wissenschaftler hingegen beharrten darauf, die dreijährige Untersuchung zunächst zu beenden.

Beeinflußte man die Gewohnheiten der Mütter im ganzen Land, würde das alle Daten entwerten, die man bisher gesammelt hatte. »Dennoch fühlten wir uns moralisch verpflichtet, die Mütter aufzuklären«, sagte Ed. »Wir wußten, daß wir damit weitere, möglicherweise wertvolle Daten verlieren konnten. Aber wir mußten den Müttern die Chance geben, das Leben ihrer Babys zu retten.« Also setzten sich die zuständigen Experten zusammen und beschlossen, die neueste Erkenntnis in einer großen Aktion publik zu machen.«

»Sie verstehen sicher, wie schwierig das war«, fuhr Ed fort. »Wir wußten gar nicht genau, was wir da rieten und welche Konsequenzen das haben würde. Wir hatten nicht die geringste Ahnung, warum das die Babys vor dem Plötzlichen Kindstod schützen sollte. Wir wußten nur, daß wir es versuchen mußten.«

Achtzehn Monate nach Beginn der Untersuchung formulierte man also die wichtigsten Erkenntnisse für die Öffentlichkeit. 73 Prozent der toten Babys hatten auf dem Bauch gelegen, 63 Prozent hatten Mütter, die rauchten, und über ein Drittel wurde nicht gestillt. Ein Baby, das auf dem Bauch lag, nicht gestillt wurde und dessen Mutter Raucherin war, war zehnmal häufiger gefährdet, am Plötzlichen Kindstod zu sterben, als andere Babys.

Eine großangelegte Aufklärungskampagne wurde ins Leben gerufen. Shirley Tonkin wußte, daß es nur ein Medium gab, um eine große Anzahl Menschen schnell und effektiv zu informieren: das Fernsehen. Sie schlug vor, einen Fernsehspot zu produzieren, und gewann die populärste Nachrichtensprecherin Neuseelands als Moderatorin. In nur dreißig Sekunden riet sie allen Müttern, ihre Babys zum Schlafen auf den Rücken oder auf die Seite zu legen.

Es war eine Riesennachricht in Neuseeland. Innerhalb weniger Tage gab es keine Eltern, keine Großeltern und keine Babysitter mehr, die die neuen Hinweise nicht gehört hatten.

1. Legen Sie Ihr Baby zum Schlafen auf den Rücken oder auf die Seite. Wenn Sie Ihr Baby auf die Seite legen, versichern Sie sich, daß es nicht auf den Bauch rollen kann.

2. Rauchen Sie nicht.

3. Stillen Sie Ihr Baby nach Möglichkeit.

Die ganze Geschichte machte mich sprachlos. »Und was geschah dann?« fragte ich.

»Unsere Todesrate fiel innerhalb von sechs Monaten um fünfzig Prozent«, antwortete Ed schlicht.

»Und wann ist das alles passiert?« wollte ich weiter wissen.

»Ungefähr vor einem Jahr.«

Während sich all dies am anderen Ende unseres Planeten abgespielt hatte, hatte ich mein Baby mit Seelenruhe zum Schlafen auf den Bauch gelegt, im guten Glauben, genau das Richtige zu tun. Ich zögerte, dann fragte ich beinahe im Flüsterton: »Und warum haben Sie niemanden in Großbritannien informiert?«

Ed schüttelte bedrückt den Kopf, denn er wußte, daß mir das, was er nun sagen mußte, sehr wehtun würde. »Jeder wußte, was wir taten. Wir haben Ihre Regierung unterrichtet, und die Kindstod-Stiftung Ihres Landes hat uns sogar Finanzmittel zur Verfügung gestellt. Wir haben Großbritannien informiert. Natürlich haben wir das getan. Ich habe keine Ahnung, warum man nicht darauf reagiert hat.«

18. Kapitel

Kann man mit zwei kleinen Jungen nach Neuseeland reisen, ohne dem All-Blacks-Shop einen Besuch abzustatten und ihnen dort ein original Rugby-Trikot zu kaufen? Oliver und Jamie genossen unsere Reise – sie sahen zwar nicht viel von ihrer Mami, aber wenigstens verbrachten wir die Abende zusammen, vor denen ich mich am meisten fürchtete.

Nachdem Mike zu uns gestoßen war, stellte er mir einen seiner Freunde vor. Es war Julian Mounter, Generalintendant des neuseeländischen Fernsehens. Mike wußte, daß Julian Mounter einmal mit Linda McDougall zusammengearbeitet hatte, und wir beschlossen, ihn um Rat zu bitten. Er empfing uns in einem gläsernen Büro auf einem Hügel über Auckland. Während wir Kaffee tranken und Kekse aßen, erzählte er uns, was er dachte.

»Es überrascht mich nicht im geringsten, daß ihr Schwierigkeiten mit Linda habt«, sagte er lachend. »Dafür ist sie bekannt. Aber offengestanden ist sie eine verdammt gute Journalistin, und ich glaube nicht, daß sie jemals einen schlechten Film gedreht hat.«

Daraufhin beschlossen wir, die Zähne zusammenzubeißen und mit der nächsten Etappe des Films fortzufahren. Alex, Shirley, Mike und die Jungen sollten nach Christchurch fliegen. Währenddessen würden Linda, Jan, das Aufnahmeteam und ich die

Strecke im Auto zurücklegen und dabei einen Abstecher in Lindas Heimatstadt Dunedin machen, wo sie ihren Mann Austin treffen wollte. An der dortigen Universität erforschte ein Arzt namens Barry Richards, welche Auswirkungen große Wärme auf Babys hat. Sie experimentierten mit Ferkeln, wärmten ihre Haut leicht an, um festzustellen, welche physiologischen Auswirkungen das auf ihr Schlafverhalten hat.

Eine Theorie, der die Wissenschaftler nachgingen, besagte, daß Babys unter bestimmten Streßbedingungen einem primitiven Instinkt folgen und ihren Kreislauf ›herunterschalten‹. Berichten zufolge hatte man bei dem Erdbeben in Mexiko oder vergleichbaren Katastrophen noch nach zehn Tagen Babys wohlbehalten bergen können, obwohl ihnen weder Wasser noch Nahrung zur Verfügung gestanden hatte. Einige Kindstod-Experten nahmen an, daß Babys, die am Plötzlichen Kindstod starben, möglicherweise weil es ihnen zu warm war, diesen Mechanismus benutzt hatten und dann nicht mehr in der Lage waren, das Bewußtsein wiederzuerlangen. Aber auch das erklärte nicht, warum Neuseeland die höchste Kindstod-Rate der Welt hatte. Und wieso es im Süden mehr Todesfälle gab als im Norden.

»Vielleicht liegt es daran, daß es hier unten so kalt wird«, überlegte Barry. »Die Mütter denken an die Kälte draußen und packen ihre Kinder warm ein, auch wenn sie sich in geheizten Räumen aufhalten. Wir haben Ferkel so angezogen, wie es eine Mutter aus Dunedin tun würde, und das hat unser Ferkel in ziemlichen Streß versetzt. Jetzt raten wir den Müttern, ihre Kinder genauso anzuziehen, wie sie sich selbst kleiden. Und wir raten ihnen, auf diese Lammfelle zu verzichten. Möglicherweise richten sie mehr Schaden an, als sie Gutes bewirken.«

Abends besuchten wir eine Mutter, die von Barry betreut wurde. Penny Gray hatte bereits ein Kind verloren, und ihr zweites Baby war nun im riskanten Alter, es war vier Monate alt. Sie zeigte mir, wie sie ihr Kind abends zu Bett brachte. »Ich lege sie auf den Rücken an das Fußende der Wiege, damit sie nicht tiefer unter die Laken rutschen kann«, erklärte sie, als habe sie es auswendig gelernt. »Wir benutzen übrigens kein Nestchen, sondern nur altmodische Laken und Decken.«

Anschließend befestigte sie einen kleinen Monitor mit einem elastischen Band an der Brust des Babys – und ein grünes Lämpchen blinkte bei jedem Atemzug auf.

»Manchmal geht der Alarm mitten in der Nacht los, und wir bekommen furchtbare Angst«, berichtete sie. »Wir führen über jeden Alarm Buch, damit wir darüber mit den Ärzten sprechen können. Denn wenn er zu oft vorkommt, machen wir entweder etwas falsch, oder sie hat Atemprobleme.«

Sie sah mich an, und ich konnte erkennen, daß sie sich vor uns und der Kamera sehr zusammennahm. »So weit, so gut«, seufzte sie. Der Plötzliche Kindstod war kein seltenes Schicksal in ihrer Familie. Ihre eigene Tochter war auf diese Weise gestorben und der Bruder ihres Mannes, außerdem hatten sie beide je eine Cousine verloren. An der Beisetzung ihrer Tochter Christie hatten fünfzehn Familien teilgenommen, die ein Baby durch Plötzlichen Kindstod verloren hatten. Von tausend Babys waren vier bis fünf am Plötzlichen Kindstod gestorben, bei einer Bevölkerungszahl von nur drei Millionen war es da kein Wunder, daß beinahe jeder betroffen war.

Das Mädchen, das ich am nächsten Tag kennenlernte, war selbst kaum der Kindheit entwachsen, als es bereits mit dem Verlust ihres eigenen Kindes fertigwerden mußte. Wir hatten die Nacht in einem Motel in Dunedin verbracht, und das Kamerateam, Jan, Linda und ich saßen beim Frühstück, um die beste Strecke nach Christchurch festzulegen. Linda war in die lokale Tageszeitung vertieft. Ich war neugierig, was sie so beschäftigte, und stellte fest, daß sie die Todes- und Geburtsanzeigen studierte.

»Ich schaue nach, ob es in den letzten Tagen einen Plötzlichen Kindstod gegeben hat«, erklärte sie. »Heutzutage ist er ja seltener geworden, aber man kann nie wissen ...«

Wir setzten unser Frühstück fort. »Aha! Dies hier sieht ganz danach aus ...« Linda las die Anzeige laut vor: »›Am 1. Oktober 1991 verstarb plötzlich und unerwartet unser geliebter Sohn Jesse Rangiora Biddle im Alter von dreieinhalb Monaten.‹ Okay, die rufe ich an.«

Der Kameramann und ich schauten uns ungläubig an. Linda würde doch wohl nicht eine Familie belästigen, deren Baby gerade erst gestorben war? Sie hatte doch wohl nicht vor, daß wir sie dorthin begleiteten, um Filmaufnahmen zu machen? Und sie erwartete sicher nicht, daß ich mitkam?

Voller Enthusiasmus kehrte sie zurück. »Ja, es ist ein Plötzlicher Kindstod. Das Baby ist gestern gestorben. Es handelt sich um eine Maori-Familie, das Kind ist also immer noch bei ihnen. Kommt, ich glaube, ich weiß, wo es ist. Wir fahren hin.« Sie sah mich an.

»Willst du mitkommen? Ich kann verstehen, wenn du lieber hierbleiben möchtest.«

Ich wußte nicht, was ich sagen sollte. »Ja, ich komme mit. Aber vielleicht warte ich im Auto.«

Wir fuhren bergauf in eine Wohnsiedlung. Am Ende einer schmalen Sackgasse lag unser Ziel: ein schäbiges, verwohntes Haus aus den sechziger Jahren.

»Linda?« Ich war immer noch unsicher, ob ich mit hineingehen sollte. »Wissen wir, unter welchen Umständen das Baby gestorben ist?«

Linda schüttelte den Kopf. »Das Familienoberhaupt, mit dem ich telefoniert habe, sagte, das Baby hätte mit seiner Großmutter zusammen im Bett gelegen. Es ist noch unklar, in welcher Position es schlief.« Sie wandte sich an ihr Team. »Wir müssen alle ein Geschenk machen«, erklärte sie. »Wenn man ein Maori-Haus betritt, hält man gewöhnlich ein kleines Geschenk bereit, ein paar Silbermünzen zum Beispiel. Das ist eine alte Tradition, die wir respektieren sollten.«

Wir suchten in unseren Taschen nach Kleingeld. Jan steckte es in einen Umschlag, und dann gingen wir zur Eingangstür. Linda drehte sich zu mir um.

»Ich komme mit«, erklärte ich.

Das Familienoberhaupt öffnete die Tür. Er war ein großer, breitschultriger Mann, in abgetragener Kleidung und Pantoffeln. Er nahm unser Geschenk an und führte uns hinein. Sein Gesicht wirkte sehr niedergeschlagen. Wir betraten einen großen Raum, der bis auf ein paar Matratzen am Boden leer war. Es gab keine Gardinen, vor dem Fenster hing nur ein weißes Laken.

Auf einer der Matratzen am Boden hockte ein junges Maori-Mädchen. Sie mochte um die fünfzehn

Jahre alt sein. Ihr Gesicht war gerötet, und ihre Augen sahen aus, als hätte sie stundenlang geweint. Neben ihr lag, wie ein chinesisches Püppchen, ihr kleiner Junge. Er lag auf dem Rücken, trug ein Jäckchen und ein Mützchen aus Wolle, sein winziger Körper war zusätzlich in eine Decke gehüllt. Seine kleinen Augen waren geschlossen und der winzige Mund wie zum Kuß geschürzt. Der kleine Junge war tot.

Mich und die junge Mutter trennten über 18.000 Kilometer, eine ganze Kultur und mindestens zwanzig Jahre Altersunterschied, aber in diesem Augenblick hatte ich mehr mit ihr gemeinsam als jeder andere im Raum. Instinktiv ging ich auf sie zu, kniete mich neben sie und nahm ihre Hand.

»Es tut mir so leid. Ich habe auch mein Baby verloren, vor acht Wochen. Ich weiß, wie Sie sich fühlen. Es tut mir schrecklich leid.« Und dann schaute ich auf ihr totes Kind und streichelte seine zarte Wange. Die Haut war kalt.

Ich erinnerte mich an die Worte, die ich selbst am liebsten gehört hatte. »Armes kleines Mäuschen. Er ist schön, wunderschön.«

Einige Verwandte von ihr kochten Tee. Andere Familienangehörige trafen erst jetzt ein, weil sie die Nachricht vor noch nicht allzu langer Zeit erfahren hatten. Ein Maori-Baby bleibt drei Tage nach seinem Tod bei seiner Familie, weil man glaubt, daß sein Geist so lange dort verweilt. Das Familienoberhaupt begann laut zu beten und zu singen. Er konnte kein sehr enger Verwandter sein, überlegte ich, denn er verwechselte ständig das Geschlecht des Babys. Es war ein Junge, aber er sprach immer wieder Gebete für ›sie‹ und ›ihr‹ kurzes Leben.

Für uns wurde es Zeit zu gehen. Das Kamerateam ging hinaus, ich folgte ihnen. Linda brachte mir einen Blumenstrauß, den sie im Motel gekauft hatte. »Ich dachte, du würdest ihn vielleicht gerne überreichen«, schlug sie vor. Ich nahm ihn an, überrascht von dieser netten Idee.

Ich ging wieder hinein und sah die junge Mutter nun in der Tür des Matratzenzimmers stehen. Wir gingen aufeinander zu und fielen uns in die Arme – dann gab ich ihr die Blumen. Sie fing wieder an zu weinen. Als ich die Wohnungstür hinter mir zuzog, sah ich, daß Linda die Kamera auf mein Gesicht gerichtet hielt. Sie hatte versucht, die Szene zu filmen.

»Oh mein Gott«, seufzte ich und verdrehte die Augen. Zumindest war die letzte Einstellung damit unbrauchbar. Ich begann den gleichen Respekt für sie zu entwickeln wie für Kelvin MacKenzie, den Herausgeber der *Sun*. Sie waren beide in ihrem Job außerordentlich erfolgreich, aber das bedeutete nicht, daß man ihre Arbeitsweise gutheißen mußte.

Vielleicht bildete Linda sich etwas auf ihre Fähigkeit ein, Menschen zu schockieren oder zumindest zu überraschen. Dennoch hatte sie auch ihre sanften Momente. Sie war immer sehr nett zu den Kindern, und nach der Reise schenkte sie mir ein gerahmtes Foto, das während der Dreharbeiten entstanden war. Auf die Rückseite hatte sie geschrieben: ›Für Anne – um ihr zu zeigen, daß auch Alpträume ihre guten Seiten haben‹. Das Foto zeigte mich mit Jamie, der eine Rugby-Kappe aussuchte, während Oliver ihm dabei zusah. Es war eine sehr schöne Aufnahme, nicht zuletzt, weil sie von einem guten Fotografen geschickt komponiert worden war. Als die Kinder später Souvenirs zur Erinnerung an ihre Neuseelandreise kauften, suchte sich Jamie einen großen, flauschigen Pinguin aus und taufte ihn Linda. Sie war richtig gerührt.

Am Flughafen von Christchurch trafen wir auf meine Familie, dann reisten wir gemeinsam nach Queenstown, im südlichsten Zipfel der Südinsel gelegen. Für mich ist Queenstown der schönste Urlaubsort des gesamten Landes. Er liegt hoch oben in den Bergen und ist bekannt für seine guten Wintersportmöglichkeiten. Dort wollte Linda Landschaftsaufnahmen als Hintergrund für den Hauptteil der Dokumentation machen. In dieser Zeit konnten wir uns ein wenig entspannen und ein paar Ausflüge unternehmen, auch wenn es bitterkalt war. Die Jungen wollten gerne eine Schaffarm besichtigen. Deshalb besuchten wir einen Züchter in der Nähe des Lake Wakatipu, wo die beiden frischgeborene Lämmer streicheln und anschließend im Restaurant Lammkoteletts knabbern durften.

Auf unserem Rückflug nach England machten wir einen zweitägigen Zwischenstop in Los Angeles, um mit den Jungen ins Disneyland zu fahren. Ich hatte das Bedürfnis, jetzt alles hinter uns lassen zu müssen, die Gespräche über den Plötzlichen Kindstod, die Kliniken und Forschungslabors. Und Linda mit ihrem gesamten Aufnahmeteam. In den letzten zwei Wochen hatte ich kaum etwas von den Kindern gehabt und wollte nun endlich wieder mit ihnen zusammensein. Doch als wir auf der Terrasse eines Restaurants im zauberhaften Königreich von Micky Mouse saßen und hungrig in unsere riesigen Hot dogs bissen, sah Oliver uns fragend an.

»Papi ...«, begann er, »was ist denn jetzt Plötzlicher Kindstod? Haben wir das herausgefunden?«

»Nein«, antwortete Mike wahrheitsgemäß. »Nein, genau haben wir das nicht herausgefunden. Aber wir haben eine Möglichkeit entdeckt, zu verhindern, daß andere Babys daran sterben.«

»Und was machen wir jetzt?«

»Jetzt fahren wir nach Hause und erkundigen uns, warum wir nicht eher davon erfahren haben.«

Genau das würden wir tun. Sobald wir unseren Fuß wieder auf britischen Boden setzten, würden wir anfangen Krach zu schlagen. Wir würden an die Tür des Gesundheitsministeriums hämmern, bis sie uns nicht mehr überhören konnten. »Schaut euch die Berichte noch einmal an, die ihr so leichtsinnig ignoriert habt!« würden wir sie auffordern, bis es ihnen aus den Ohren herauskam. »Und dann sagt uns, warum nicht auch britische Babys gerettet werden können!«

19. Kapitel

In allerletzter Minute kam ich nach Hause. Ich war allein von Los Angeles nach London geflogen und dann weiter nach Southampton, damit ich rechtzeitig im Studio war, um noch einmal kurz zu proben und dann die Live-Sendung von *TV Weekly* aufzunehmen. Chris Riley, der Chef unseres Teams, wußte, warum ich in Neuseeland gewesen war, und er wußte auch, daß ich in diesen Tagen mit den Gedanken häufig nicht ganz bei der Sache war. Doch niemand machte mir einen Vorwurf. Im Gegenteil, das Team tat alles Erdenkliche, um mir das Leben ein wenig leichter zu machen. Schließlich hatten sie Supi alle gekannt. Sie hatten ihn zum erstenmal gesehen, als er vier Wochen alt war. Damals hatte ich ihn jedesmal mit zur Arbeit gebracht, und mein Kindermädchen Anne hat ihn während der Aufnahmearbeiten in meiner Garderobe betreut.

Jetzt zeigten sie alle sehr viel Verständnis für mein großes Bedürfnis zu reden, immer wieder über das zu reden, was geschehen war. Während eines Mittagessens in der hauseigenen Kantine hörten sie geduldig zu, wie ich mein Herz ausschüttete. Wenn ihnen das unangenehm war, haben sie es mich zumindest nicht spüren lassen. Ich erzählte ihnen von Supis Tod, von seiner Bestattung, von der Presse, dem Spendenaufruf der *Sun* und unserer Reise nach Neuseeland.

Später nahm Chris mich zur Seite. »Deine Freundin Clare hat recht«, sagte er. »Du darfst nicht zulassen, daß Supis Tod bedeutsamer wird als sein Leben. Aber sieh nur, was du bereits herausgefunden hast. Jetzt liegt es in deiner Hand, seinem Tod einen Sinn zu geben.«

An diesem Abend kam ich spät nach Hause. Oliver und Jamie waren schon im Bett, und ich wollte gerade in meines fallen, als das Telefon klingelte. Es war mein Steuerberater Russel Tenzer, stolzer Vater von kleinen Zwillingen. »Es tut mir leid, daß ich Sie störe, aber ich habe gehört, daß Sie gerade aus Neuseeland zurückgekommen sind. Ich wollte nur wissen, wie Sie vorangekommen sind ...«

Ich erzählte es ihm. Es wunderte mich, daß ich die Ergebnisse der Reise in dreißig Sekunden zusammenfassen konnte, aber eigentlich gab es nur eins, was man den Eltern neugeborener Babys sagen mußte.

»Sie meinen also, man sollte die Babys zum Schlafen auf den Rücken legen?« wiederholte er.

»Ja.«

»Und auf dem Bauch können sie sterben?«

»Ja.«

»Mein Gott! Ich werde Sie keine Sekunde länger aufhalten.«

»Wieso? Wohin wollen Sie denn?«

»Nach oben, die Zwillinge umdrehen.« Dann legte er den Hörer auf.

In diesem Moment begriff ich, wie simpel und schnell unsere Botschaft war.

Linda rief an, um die Filmaufnahmen für die nächste Woche zu planen. Die Dokumentation sollte am 30. Oktober fertig sein, das war in zwei Wochen.

Bis dahin mußten wir noch den Teil fertigstellen, der in Großbritannien produziert wurde. Als erstes setzten wir uns mit dem Gesundheitsministerium in Verbindung und baten um eine Stellungnahme. Wir wollten wissen, ob es stimmte, was Ed Mitchell uns erzählt hatte und man die britische Regierung über sämtliche Forschungsergebnisse informiert hätte. Dann baten wir die zuständigen Politiker um Interviews. Und zum Schluß schickte Linda der *Sun* ein Foto von mir und dem Maori-Baby, um den Druck auf die Öffentlichkeit aufrechtzuhalten.

Unser nächster Drehort war Bristol. Ich fuhr mit Linda im Auto hin. Sie hatte ein Interview mit einem Mann namens Dr. Peter Fleming organisiert, einem Kinderarzt an der St. Michaels-Frauenklinik. Noch als wir die Autobahn entlangrasten, konnte ich mir nicht vorstellen, jemand Interessanteres kennenzulernen als die neuseeländischen Kindstod-Spezialisten. Doch dann traf ich auf einen Mann, der mit Mut und Entschlossenheit bereits Hunderte von Babyleben gerettet hatte.

So wie sich die Neuseeländer mit der höchsten Kindstodrate der Welt konfrontiert sahen, hatte Peter Fleming feststellen müssen, daß sein Landstrich, die Grafschaft Avon, die meisten Todesfälle innerhalb Großbritanniens verzeichnete. Niemand konnte erklären warum. Als verantwortungsbewußter Arzt ging Fleming der Sache nach. Er beschäftigte sich mehr als die meisten anderen Ärzte mit dem Plötzlichen Kindstod, nicht zuletzt auch deshalb, weil er selbst Vater von vier Kindern war. Es hatte ihn persönlich beunruhigt, daß die Gegend, in der er mit seiner Familie lebte, eine solch schreckliche Statistik aufwies.

Auch er unternahm eine Langzeitstudie, untersuchte die Babys, die gestorben waren, und verglich sie mit ›Kontrollbabys‹, ähnlichen Kindern, die in der Nähe wohnten und nicht gestorben waren. Seine Arbeit wurde größtenteils von der Stiftung finanziert, aber er hatte auch lokale Sponsoren gefunden.

Eine australische Ärztin, Susan Beale, habe die Theorie über die Schlafposition als erste aufgebracht, erklärte Dr. Fleming uns, während die Scheinwerfer und die Kamera in seinem kleinen Büro aufgebaut wurden. »Sie bedrängte mich damit schon im Mai 1987, denn sie hatte gehört, daß ich eine großangelegte Untersuchung in Avon plante, und wollte unbedingt, daß ich eine Frage über die Schlafhaltung mit in meinen Fragenkatalog aufnahm. Sowohl sie als auch Shirley Tonkin aus Neuseeland waren inzwischen überzeugt davon, daß die Art, wie die Babys schliefen, irgendeine Bedeutung hatte. Offengestanden war ich damals sehr skeptisch, aber sie haben mich schließlich umgestimmt.«

Niemand war deshalb mehr überrascht als Peter Fleming, als sich das Ergebnis abzeichnete. Wie in Neuseeland starben auch in Avon in der Regel die Babys, die auf dem Bauch schliefen. Sogar Babys, die man nicht auf den Bauch gelegt hatte, waren auf dem Bauch liegend tot aufgefunden worden.

»Es war unbeschreiblich«, erklärte Peter. »Ich weiß nicht, ob Sie sich mein Entsetzen vorstellen können. Denn in diesem Land wird allen Müttern offiziell geraten, ihre Kinder zum Schlafen auf den Bauch zu legen. Und ich gehörte auch zu den Ärzten, die das ihren Patientinnen sagten. Ich habe das auch bei meinen Söhnen so gemacht. Und plötzlich mußte ich feststellen, daß die Ärzte einen Fehler gemacht hatten und daß ihre Ratschläge unzähligen Babys das Leben gekostet hatten.«

Dieses Eingeständnis erforderte eine Menge Mut und Ehrlichkeit. Deshalb stieß Peter auf großes Mißtrauen, als er seine Erkenntnis Medizinern in den Lehrsälen auf der ganzen Welt verkündete. »Sie dachten, ich wäre verrückt geworden«, erklärte er. »Dabei hatten wir in Avon eine Verrücktheit bloßgelegt, die als medizinische Weisheit deklariert wurde. Es gab nie einen schlüssigen medizinischen Grund, gesunde, normalentwickelte Babys auf den Bauch zu legen. Die Vorstellung, dies würde verhindern, daß die Babys an erbrochener Milch erstickten, ist ein Mythos, der wahrscheinlich von Ärzten in die Welt gesetzt wurde, die ihre Überzeugung rechtfertigen wollten. Es gab dafür nie eine wissenschaftliche Begründung.«

Man hatte uns Müttern also etwas vorgemacht. In Gedanken rief ich mir eine Szene vor vier Jahren in Erinnerung. Meine Mutter war damals bei uns, nachdem Oliver geboren war. Überrascht sah sie zu, wie ich ihn in seine Wiege legte, auf den Bauch. »Ich würde ein Baby nie so hinlegen«, hatte sie gesagt. »Man hat mir immer geraten, Babys auf den Rücken zu legen oder auf die Seite ...«

»Oh nein«, hatte ich energisch widersprochen. »Es ist genau richtig so.« Hätte ich nur zu der Sorte Töchter gehört, die den Rat der eigenen Mutter befolgen, anstatt so viele Bücher zu lesen. Und hätten wir doch nur in Bristol gewohnt! Denn im September 1987 war Peter Fleming so überzeugt von seinen Untersuchungsergebnissen und so enttäuscht von der übrigen medizinischen Fachwelt, daß er beschloß, die Mütter in Avon auf eigene Faust aufzukären. Er startete eine Kampagne und wies alle Mütter, Hebammen und Kinderpfleger in Avon auf vier wichtige Punkte hin.

Der erste betraf die Schlafhaltung. Fleming riet den Müttern, ihre Babys auf die Seite zu legen. Er befürchtete, sie würden seine Ratschlage ablehnen, wenn sie zu radikal waren, und er wußte, daß viele Angst davor hatten, ihre Babys auf den Rücken zu legen – was den offiziellen Hinweisen der Regierung völlig widersprach. Aber innerhalb der folgenden Monate überzeugte ihn die abnehmende Zahl der Todesfälle davon, seine Kampagne voranzutreiben. Er ließ hunderttausend Broschüren drucken, und von Herbst 1989 an bekam jede Frau, die in Avon ein Kind zur Welt brachte, die neuen Hinweise mit nach Hause.

Innerhalb von sechs Monaten hatte sich die Kindstod-Rate in Avon nahezu halbiert. Dennoch ignorierte das übrige Großbritannien, was dort geschah ... »Im Gegenteil, ich wurde sogar angegriffen«, berichtete Dr. Fleming. »Medizinische Fachzeitschriften weigerten sich, meine Daten zu veröffentlichen, und andere Wissenschaftler und Ärzte warfen mir vor, meine Arbeit widerspreche der medizinischen Ethik. Die Reaktionen der meisten Mediziner waren erstaunlich kurzsichtig.«

In den ersten drei Monaten des Jahres 1990 gab es jetzt nur noch sechs Todesfälle. Im Vergleich dazu waren in den vorangegangenen Jahren im gleichen Zeitraum sechzehn oder siebzehn Todesfälle registriert worden. Es sollte weitere neunzehn Monate dauern, ehe auch die Mütter im übrigen Land diese wichtigen Informationen erhielten. Wer weiß, wie viele Babys in diesem Zeitraum in Großbritannien am Plötzlichen

Kindstod gestorben sind? Dreitausend? Meine Knie begannen zu zittern. Was ich in Neuseeland erfahren hatte, hatte mich bereits erschüttert. Doch jetzt erhielt ich einen noch schmerzhafteren Schlag. Als ich mit Supi im zweiten Schwangerschaftsmonat war, hatte Peter Fleming zweihundert Kilometer von uns entfernt begonnen, die Mütter von Avon von einer ganz neuen Idee zu überzeugen. Ein einfacher Ratschlag, der das Leben ihrer Kinder rettete. Natürlich konnte niemand sagen, welche Babys vor dem Plötzlichen Kindstod bewahrt blieben. Aber mit Sicherheit wären viel mehr gestorben.

Hätte Peter Fleming auch das Leben meines kleinen Jungen retten können, wenn wir in Avon gelebt hätten? Ja, mußte ich leider vermuten, denn es waren vor allem die ›klassischen‹ Fälle, die zuerst verschwanden. Als sich in den folgenden Monaten, und inzwischen Jahren, das Bild mehr und mehr abrundete, zeigte sich, daß, verglichen mit der Zeit vor Peter Flemings Kampagne, immer weniger vier Monate alte Jungen plötzlich und unerwartet starben. Die Fälle von Plötzlichem Kindstod, die sich noch ereigneten, schienen eher die untypischen zu sein – sie betrafen Kinder, die älter als vier Monate waren, Kinder, die alt genug waren, ihre eigene Schlafposition auszuwählen.

Was hielt Peter Fleming von der Kampagne in Neuseeland? »Es bestätigt genau das, was ich auch in Avon festgestellt habe«, sagte er. »Und während unser Areal eher klein ist, handelt es sich bei Neuseeland um ein großes Gebiet – und ein ganzes Land . . . «

Für mich bedeutete das noch etwas anderes. Wenn die Sache in Avon funktioniert hatte und in Neuseeland – dann mußte sie doch auch in ganz Großbritannien funktionieren. Man brauchte keine Wissenschaftlerin oder Ärztin zu sein, um zu erkennen, daß eine ähnliche Aufklärungskampagne in Großbritannien einfach wirken mußte. Und daß auch wir die Kindstodrate um die Hälfte senken konnten.

Ich zog Dr. Fleming zur Seite, während das Kamerateam seine Ausrüstung zusammenpackte. »Was sagt mir das über mein Baby?« fragte ich ihn leise. »Wollen Sie damit wirklich andeuten, daß mein Baby nur deshalb gestorben ist, weil es auf dem Bauch lag? Ich kann das einfach nicht glauben ...«

Peter schüttelte den Kopf – und zum dritten, vierten oder vielleicht sogar fünften Mal nahm mich ein Kindstodexperte beim Arm und fragte mich, ob ich mir das alles wirklich antun wollte, so kurz nach dem Tod meines eigenen Kindes. Aber ich glaube, Peter konnte die Verzweiflung in meinen Augen erkennen, die er auch in den Augen der anderen Mütter gesehen hatte, deren Babys gestorben waren. Wir mußten wissen, warum unsere Kinder tot waren. Vorher würden wir keinen Frieden finden.

»Ich kann Ihnen nicht genau sagen, warum Ihr Baby gestorben ist«, antwortete er bedrückt. »Wir wissen immer noch nicht hundertprozentig, was genau den Tod der Babys verursacht. Wir wissen nur, daß es für einige Babys ein hohes Risiko bedeutet, wenn sie auf dem Bauch liegen. Wir kennen noch weitere Risikofaktoren wie Überheizen des Zimmers oder rauchende Eltern. Aber ich kann Ihnen nicht mehr sagen, alles andere ist bloße Spekulation. Was wir tun können, ist, neugeborenen Babys eine größere Chance zu verschaffen, als Ihr Baby hatte – eine sehr viel größere Chance. Wir können die Risiken minimieren. Es funktioniert.

Aber ich kann Ihnen nicht erklären, wie oder warum es funktioniert. Ich weiß nur, daß es so ist ...«

Wir verabschiedeten uns, und als wir gerade hinausgingen, klingelte das Telefon auf Peter Flemings Schreibtisch. Wenige Minuten später folgte Peter uns nach draußen, wo wir unsere Ausrüstung verstauten. Er lächelte. »Ich dachte mir, daß Sie das vielleicht interessieren könnte ...«, begann er, und dann senkte er die Stimme zu einem verschwörerischen Flüstern. »Das war der Leiter des Staatlichen Gesundheitsamtes. Er bat mich, Mitglied einer Kommission zu werden, die sich mit den jüngsten Kindstod-Statistiken beschäftigen soll.«

Ich war erstaunt. Dann kamen die Dinge also in Bewegung! »Wissen Sie zufällig, wer sonst noch dazugehört?« fragte ich. »Die meisten von ihnen kenne ich«, erklärte Peter. »Schließlich sind wir nicht so viele. Und Sie können sicher sein, daß wir nicht lange brauchen werden, um die nötigen Daten zusammenzutragen.« Auf seinem Gesicht lag ein zuversichtlicher, entschlossener Ausdruck.

Kurz nach diesem Zusammentreffen hatte ich einen Traum. Er verfolgt mich noch heute, wenn auch nicht mehr so häufig. Ich war in einem riesigen Raum, umgeben von Männern in weißen Kitteln, ich nehme an, es waren Ärzte. Plötzlich öffnete sich die Tür, und ein Mann, ebenfalls im weißen Kittel, stürzte herein und schwenkte ein Blatt Papier. Er war sehr aufgeregt und rief immer wieder: »Ich hab's! Ich hab's!« Ich wußte, daß er damit die Antwort auf den Plötzlichen Kindstod meinte – und die stand auf dem Blatt Papier.

Ich riß ihm das Blatt aus der Hand und rannte den Korridor hinab. Am Ende des Korridors gab es einen weiteren Raum mit einem grauen Teppich und einem riesigen Mahagoni-Schreibtisch. Hinter dem Schreibtisch saß ein alter Mann mit sehr ernstem Gesicht. Ich warf ihm das Papier hin und schlug mit der Faust auf den Tisch. ›Was ist?‹ zischte ich ihn an. ›Kann ich jetzt mein Baby wiederhaben?‹ An dieser Stelle endete mein Traum jedesmal. Ich mußte das Rätsel des Plötzlichen Kindstods aufklären, dann bekam ich mein Baby zurück. Der Gedanke, daß der Alptraum ein Ende haben könnte, ließ mich nicht mehr los.

20. Kapitel

»Wir sollten uns nichts vormachen«, meinte Linda. »Die meisten Leute werden sich unseren Film anschauen, weil sie Anne Diamond weinen sehen wollen.« Linda hatte wirklich eine drastische Art, die Dinge beim Namen zu nennen. Als sie die Kameras und Scheinwerfer in unserem Wohnzimmer ausrichtete, um den letzten Teil der Dokumentation zu drehen, war ich deshalb auf alle Tricks gefaßt. Ich hatte alle anderen Interviews in dem Film geführt, aber natürlich konnte ich Mike und mich selbst nicht befragen. Jetzt war Linda an der Reihe.

Weder das Kamerateam noch Jan oder Linda hatten bisher die Geschichte von Supis Tod richtig gehört. Jedenfalls nicht aus unserem Mund. Jetzt berichteten wir so ruhig wie möglich, und sie schnitten mit. Im ganzen Haus war es mucksmäuschenstill. Als wir zu Ende waren, klopfte Linda uns beiden auf den Rücken. Sie hatte zwar keine Tränen, dafür aber ein sehr beeindruckendes Gespräch aufnehmen können.

»Wenn dieser Film die Leute nicht aufrüttelt, dann weiß ich nicht, was sonst«, sagte sie. Das Team schaltete die Lampen aus, räumte die Möbel an ihre alte Stelle zurück, und ich ging in die Küche, um Tee zu kochen.

Linda schaltete den Fernseher an. Es war ein besonderer Tag für die britischen Sendeanstalten, denn heute wurden die Senderechte für die Regionalsender neu vergeben. Als ich mit dem Tee und einer Schale Kekse ins Wohnzimmer kam, verkündete der Nachrichtensprecher gerade die Ergebnisse. *Thames TV* hatte seine Senderechte verloren, ebenso wie *TVS* und *TV-am*.

Mike und ich sahen uns an und tauschten ein ironisches Lächeln aus. Das waren die Gesellschaften, für die wir diese Dokumentation drehten, die Gesellschaft, für die ich *TV Weekly* machte und mein ehemaliger Arbeitgeber! Oh Gott! Ich hatte im Moment nicht allzuviel Glück!

Am nächsten Tag prangte mein Foto auf der Titelseite einer Tageszeitung, zusammen mit dem des ehemaligen Chefs von *TV-am*, Greg Dyke. Unter diesen Fotos stand in dicken Lettern: ›Die Rächer‹. Doch ich empfand keine Genugtuung über die Pleite von *TV-am*. Es hatte mir lange großen Spaß gemacht, für diese Gesellschaft zu arbeiten, und ich bereute keine Minute, die ich dort verbracht hatte. Ich wünschte nur, mein Abschied wäre anders verlaufen. Aber all dies erschien mir jetzt unwichtig. Schließlich ging es hier nur ums Fernsehen, und Supis Leben und sein Tod hatten die Dinge zurechtgerückt. Die Arbeit, die ich jetzt machte, war möglicherweise die größte Herausforderung meines Lebens und meiner Karriere. Supi zuliebe mußte ich dafür sorgen, daß sich einiges änderte.

Nach und nach kamen wir zu der Überzeugung, daß in ganz Großbritannien ein großes Phlegma herrschte, was den Plötzlichen Kindstod betraf. Es war beinahe so, als hätte man sich darauf geeinigt, daß 2.000 Todesfälle im Jahr akzeptabel seien. Ein schreckliches

Schicksal, sicher, aber anscheinend eines, das unvermeidbar war. Ein Wissenschaftler sagte zu mir, daß Babys eben sehr empfindlich seien. In unserer ganzen Geschichte, fuhr er fort, hatten Frauen viele Kinder bekommen, von denen nur wenige überlebten. Vielleicht, sagte er, hätten die modernen Frauen heute zu hohe Ansprüche.

Auch die größte Stiftung Großbritanniens, die sich der Erforschung des Plötzlichen Kindstods widmete und in den letzten zwanzig Jahren so hervorragende Arbeit für verwaiste Eltern geleistet hatte, versagte im entscheidenden Moment. Denn die Stiftung hatte von der Theorie über die Schlafposition seit Ende 1989 gewußt. Und seit 1990 lagen ihr sowohl aus Neuseeland als auch aus Avon zuverlässige Daten – man konnte sie auch Beweise nennen – vor, daß es Tausenden Babys das Leben retten würde, wenn man sie auf den Rücken legte. Im Herbst 1990 hatten sie die neuen Ratschlage für uns Mütter in Form schmaler Broschüren drucken lassen. Diese Broschüren müssen den ganzen Frühling und Sommer 1991, nachdem Sebastian geboren war, irgendwo auf einem Schreibtisch der Stiftung gelegen haben.

Wir hatten ständig Kontakt zu der Stiftung, es war sogar eine der ersten Organisationen, die Linda und Jan angerufen hatten, als sie ihren Dokumentationsfilm planten. Von Anfang an wußten sie, daß wir nach Neuseeland flogen und warum. Noch während wir uns dort aufhielten, nach unserem Gespräch mit Ed Mitchell, hatten wir die Stiftung angerufen und sie um ein Interview im Anschluß an unsere Neuseeland-Reise gebeten. Noch während wir uns auf den Besuch vorbereiteten, um ihnen einige ernsthafte Fragen zu stellen, machten sie eine Ankündigung, mit der sie uns Knüppel zwischen die Beine warfen. Linda war außer sich.

»Ich glaube es nicht. Ich glaube es einfach nicht«, polterte sie, als sie davon erfuhr. »Die Stiftung hat ganz plötzlich beschlossen, eine Pressekonferenz einzuberufen und die Hinweise zur Risikominderung bekanntzugeben. So dreist können sie doch nicht sein. Die ganzen letzten zwei Jahre haben sie diese Informationen zurückgehalten, und ganz plötzlich, während wir einen Film drehen, gehen sie damit an die Öffentlichkeit. Und sie wollen das schon in der nächsten Woche tun, könnt ihr euch das vorstellen? Wenige Tage, bevor unser Film gesendet wird ...«

Für dieses Verhalten gab es zwei mögliche Erklärungen. Als erste die, die sie uns gerne glauben machen wollten: daß es sich um einen kompletten Zufall handelte und sie immer schon geplant hätten, mit ihren Hinweisen an die Öffentlichkeit zu gehen. Die zweite Erklärung war, daß sie zu einer Aktion gezwungen wurden, weil sie befürchten mußten, von einer erzürnten Mutter oder einem neugierigen Filmteam bloßgestellt zu werden.

Ich weiß nur, daß ich mein Baby verloren habe, während die Stiftung Informationen zurückhielt, die sein Leben hätten retten können. Unzählige andere Eltern verloren ebenfalls ihre Kinder, während die Stiftung – die Stiftung, die unsere Interessen hätte wahren müssen – vor sich hinschlief. In dem Moment, als sie am meisten gebraucht wurde und am stärksten etwas hätte bewegen können, hatte sie versagt. Wir beschlossen, die Verantwortlichen zur Rede zu stellen, und diesmal baten wir Paul Woolwich, den Chef von

Thames Television, um Unterstützung. Denn für seinen Fernsehsender wurde unser Film produziert.

»Er war brutal«, meinte Linda nach dem dreigängigen Menü mit Joyce Epstein und Dr. Shireen Chantler. Ich fand, daß er einfach brillant war. Ruhig, aber bestimmt hatte Paul Woolwich den beiden Frauen klargemacht, daß sie Großbritanniens Mütter betrogen hatten und auf dem besten Weg waren, dies ein zweites Mal zu tun. »Sie haben vorsätzlich lebenswichtige und lebensrettende Informationen zurückgehalten«, warf er ihnen vor. »Und jetzt wollen Sie Anne Diamond behindern, die die medizinischen Ratschläge veröffentlichen will, die Sie ignoriert haben. Der Film wurde so geplant, daß er die größtmögliche Aufmerksamkeit erzielt«, erklärte er ihnen. »Es handelt sich nicht nur um eine einfache Dokumentation, nein, sie erscheint in Zusammenarbeit mit Frauenzeitschriften und der *Sun*, weil wir so viele Mütter wie möglich erreichen wollen. Wenn Sie sich jetzt einmischen, werden Sie unser Ergebnis mindern und die Botschaft verwässern.«

Er sprach es nicht aus, aber an den Gesichtern der Frauen konnte ich erkennen, daß sie begriffen hatten, daß er ihnen mit öffentlicher Bloßstellung drohte. »Wollen Sie tatsächlich Ihr Gesicht verlieren?« zischte Paul.

Und nun erlebte ich etwas, das Menschen, die regelmäßig mit Politik zu tun haben, wahrscheinlich jeden Tag erleben: die Einigung auf einen Kompromiß zugunsten der Sache. Wir boten den Stiftungsdamen an, bei der Pressevorstellung unserer Dokumentation neben uns zu sitzen. Dann konnten sie ihre Plakate und Broschüren verteilen, und es würde so aussehen, als hätten wir gemeinsame Sache gemacht. Dafür würden Linda und ich nicht allzu hart mit ihnen ins Gericht gehen. Dennoch mußte ich ihnen eine Frage stellen, die einzige, die wirklich wichtig war: Warum haben Sie uns nicht über die lebensrettende Entdeckung informiert, die man in Neuseeland gemacht hatte?

Wieder einmal saß ich Joyce Epstein und Dr. Shireen Chantler in ihrem Büro gegenüber. Doch dieses Mal war ich in Begleitung des vollständigen Aufnahmeteams. Und dieses Mal wußte ich eine Menge mehr über den Plötzlichen Kindstod als bei meinem letzten Besuch. Die beiden Frauen schienen sich in ihrer Haut nicht besonders wohl zu fühlen. Sie wiesen darauf hin, daß sie die Theorien zur Schlafposition in ihrem Newsletter vorgestellt hätten. Doch diesen Brief erhielten nur Leute, die bereits auf ihrer Adreßliste standen. *Mit anderen Worten: Man mußte bereits einen Plötzlichen Kindstod in der Familie gehabt haben.* Begriffen sie denn nicht, daß das unsinnig war? Warum hatten sie den Rest Großbritanniens nicht informiert?

Die beiden Frauen rutschten auf ihren Stühlen herum und warfen sich unsichere Blicke zu. »Nun, einige unserer Ärzte waren sich noch nicht einig darüber ...«, begann Dr. Chantler.

Sie wollten also warten, bis sie innerhalb ihrer Organisation Einigkeit erreicht hatten, ehe sie normalen Eltern sagten, wie sie das Leben ihrer Kinder schützen konnten?

»Es ist sehr schwierig, zu entscheiden, wann man sich mit neuen medizinischen Erkenntnissen an die Öffentlichkeit wendet«, fügte Joyce entschuldigend hinzu.

Wir beließen es dabei. In gewisser Weise hatte sie natürlich recht. Es *ist* schwierig. Aber es war nicht zu schwierig für die Neuseeländer und auch nicht für Dr. Peter Fleming die richtige Entscheidung zum richtigen Zeitpunkt zu treffen.

In beiden Fällen hatte man sich zum Handeln entschlossen, als die moralische Verpflichtung dazu deutlich wurde. Die Stiftung hatte dies versäumt. Vielleicht hätten sie lieber die Ursache für den Plötzlichen Kindstod gefunden, anstatt eine nicht erklärbare Methode zu propagieren, deren Anwendung das Todesrisiko drastisch senkt.

Ich zweifle keinesfalls an der Aufrichtigkeit ihrer Absichten. In vieler Hinsicht hatte die Stiftung Eltern geholfen, die ihr Kind durch den Plötzlichen Kindstod verloren hatten. Aber indem sie auf wissenschaftliche Sicherheit gewartet hatten, hatten sie ihre moralische Verpflichtung vernachlässigt. Wenn es ihnen wichtig genug war, die Theorie über die richtige Schlafposition in ihrem Newsletter zu diskutieren, warum informierten sie dann nicht alle Mütter? Ende des Jahres 1989 war Peter Fleming – der Arzt, dessen Arbeit sie unterstützten – davon überzeugt, daß eine andere Schlafposition Leben retten konnte. Im März 1990 wußte er aus eigener Erfahrung, daß eine andere Schlafposition den Babys nicht nur nicht schadete, sondern – ganz im Gegenteil – die Todesrate drastisch reduzierte. Wenn die Stiftung unbedingt Sicherheit haben wollte, jetzt hatte sie sie. Sie hätten sich spätestens zu diesem Zeitpunkt an den Rockzipfel der Neuseeländer hängen können, die ihre eigene Kampagne im Juli 1990 starteten. Aber nein. Sie zögerten, und wir Eltern verloren.

Für mich gab es keinen Zweifel. Die Stiftung hatte einen Fehler begangen. Aber es handelte sich um eine gemeinnützige Stiftung, die von Spendengeldern finanziert wurde. Was war mit den Leuten, die von unseren Steuern bezahlt wurden, und zwar dafür, daß sie sich um das Wohlergehen der Nation kümmerten. Was war mit dem Gesundheitsministerium? Wir hatten den zuständigen Staatssekretär und die Gesundheitsministerin Virginia Bottomley um ein Interview gebeten. Warum hatten beide abgelehnt?

21. Kapitel

»Gesundheitsministerin zu sein ist wie Feuerwehrmann sein«, erklärte Jeffrey Archer mit einer großzügigen Handbewegung. Er ließ die Hand auf das riesige Sofa sinken, das mitten in dem großen Wohnzimmer seiner überdimensional großen Wohnung mit Ausblick auf die Themse stand. Er bat mich, Platz zu nehmen.

»Sie haben ständig mehrere Feuer zu löschen, und sie richten ihre Aufmerksamkeit als erstes auf das größte und gefährlichste ... Ich will damit sagen, daß die Ministerin eine Anfrage der AIDS-Stiftung hat, eine der Brustkrebserkrankten, als nächstes eine der Leukämiekranken, dann eine der Diabetiker-Selbsthilfegruppe – und sie wollen alle dasselbe: Geld und Aufmerksamkeit. Frau Diamond, Sie müssen einfach möglichst viel Wirbel machen. Dann wird die Ministerin etwas unternehmen, nur um Sie wieder loszuwerden.«

Ich hatte den Bestseller-Autor dringend um Rat gebeten, nachdem ich weder von William Waldegrave noch von Virginia Bottomley eine Antwort erhalten hatte. Und mit einem von beiden wollte ich unbedingt ein Gespräch führen. Ich wollte sie davon überzeugen, daß wir in Großbritannien dringend eine Aufklärungskampagne zum Plötzlichen Kindstod brauchten.

Ich hatte mich an Jeffrey Archer gewandt, weil ich wußte, daß er mit dem Premierminister befreundet war.

Und ich hatte schon mehrfach die Erfahrung gemacht, daß man sich direkt an die Spitze wenden mußte, wenn man mit den unteren Schergen nicht zurechtkam. Ich berichtete Jeffrey Archer von Neuseeland und Avon. »Wir könnten über die Hälfte unserer Babys retten«, beschwor ich ihn. »Doch darüber muß die Öffentlichkeit so rasch wie möglich informiert werden.« Und dann griff ich zu einem weiteren Argument: »Sicher stände es der jetzigen Regierung ganz gut, diese Kampagne für sich zu verbuchen. Vor allem im Hinblick auf die nächste Wahl, oder?«

Jeffrey Archer drehte sich zu seiner Sekretärin um, die im hinteren Teil des Zimmers Bücher und Papierkram sortierte: »Wann bin ich zum Abendessen mit Virginia verabredet?«

»Nächsten Donnerstag«, kam die prompte Antwort.

Er wandte sich wieder mir zu. »Ich sehe Virginia also bald, dann werde ich sie zu überzeugen versuchen. Wenn das nicht funktioniert, werde ich Sie mit dem Premierminister zusammenbringen. Aber lassen Sie es mich zuerst mit Virginia probieren.« Er küßte mich auf beide Wangen und brachte mich zur Tür. Ich wußte, daß er es ernst meinte. Dennoch vermutete ich, daß auch er so etwas wie ein Feuerwehrmann war. Und ich war sein kleiner morgendlicher Brand.

Während unser Dokumentationsfilm kurz vor der Fertigstellung stand, wurde Mike und mir klar, daß wir nicht darauf warten konnten, Politiker aufzurütteln, die möglicherweise nie reagieren würden. Wir mußten das tun, was die Neuseeländer getan hatten – notfalls allein. Wir mußten einen Fernsehspot drehen, um die britischen Eltern darüber zu informieren, ihre Babys auf den Rücken zu legen.

Shirley Tonkin hatte mir eine Videokassette ihres eigenen Spots geschenkt. Sie hatte sie mir fest mit den Worten in die Hand gedrückt: »Wenn eure Regierung nichts unternimmt, dann mach es selbst. Es ist dein Beruf, oder nicht? Es ist das, was du kannst. Und wenn du es nicht kannst, wer dann?«

Sie hatte recht. Aber wie machte man einen Fernsehspot? Wo fängt man an? Wieder und wieder sahen Mike und ich uns das Video an, bis wir es auswendig nachsprechen konnten. Es begann mit Musik, einem großzügigen Wohnzimmer und einer Fernsehmoderatorin, die ein Baby in den Armen hielt. »In Neuseeland sterben weltweit die meisten Babys am Plötzlichen Kindstod, aber es gibt Möglichkeiten, das Risiko für Ihr Baby zu mindern.«

Sie beugte sich vor und legte das Baby seitlich in eine Wiege. »Achten Sie darauf, daß Ihr Baby auf der Seite oder auf dem Rücken schläft, auf keinen Fall auf dem Bauch.«

Lächelnd fuhr sie fort: »Es ist sehr einfach und dennoch die allerwichtigste Sicherheitsvorkehrung für Ihr Baby.« Das war alles. Dreißig Sekunden, dann folgte das Logo eines Sponsors.

»Genauso müssen wir es auch machen«, sagte Mike, während er das Video vor- und zurückspulte. »Als erstes müssen wir einen Sponsor finden, der uns die Sendezeit finanziert. Sicher werden uns die Hersteller von Babykleidung und Babynahrung unterstützen ...«

Doch als erstes mußten wir den Spot produzieren. Weder Mike noch ich hatten Erfahrung damit, denn es war eine völlig andere Arbeit als die Life-Produktionen im Studio, die wir gewohnt waren.

Glücklicherweise hatte mein Agent Jon Roseman einmal eine Produktionsgesellschaft besessen, die von Popvideos bis hin zu Werbespots alles machte. Wir riefen ihn an, und innerhalb weniger Minuten stellte er uns ein Team zusammen. Das tollste war, daß alle anboten, entweder umsonst zu arbeiten oder nur eine geringe Gage verlangten, die gerade ihre Unkosten deckte. Aber das Mieten der Ausrüstung und des Studios würde eine Menge Geld verschlingen. Mike und ich fanden, daß wir dazu gut das Geld der *Sun*-Kampagne verwenden könnten. Wir telefonierten mit Kelvin MacKenzie, dem Chefredakteur, und erklärten ihm unseren Plan. »Großartig«, rief er. »Wir unterstützen euch voll und ganz.«

Daraufhin schrieben wir das Script. Wir übernahmen den neuseeländischen Text und formulierten ihn für die britischen Verhältnisse leicht um. Ich war der Ansicht, daß unser Spot Optimismus ausstrahlen sollte. Deshalb brauchten wir etwas, um die traurige Statistik aufzuheitern. Ich hatte eine Idee, die ich mit Mike besprach.

»Meinst du, wir könnten am Ende des Spots eine Zeile von Elton John spielen? Die aus ›Your song‹, wo er singt: ›How wonderful life is, while you're in the world ...‹ Findest du nicht auch, das könnte gut klingen?«

»Wir könnten Elton Johns Manager anrufen«, schlug Mike vor.

Innerhalb weniger Stunden erhielten wir die Nachricht, daß Elton John uns gerne gestattete, das Stück zu spielen, wenn die Schallplattenfirma nichts dagegen hatte. Kurze Zeit später hatten wir auch deren Zustimmung.

Es wurde ein sehr schöner kleiner Film. Die Szene war perfekt ausgeleuchtet, und mir war nicht eine Spur Streß oder Müdigkeit anzusehen. Das Baby, das wir über eine Model-Agentur gebucht hatten, war wunderbar. »Jeden Tag«, sprach ich in die Kamera, »sterben in Großbritannien mindestens vier Babys am Plötzlichen Kindstod. Jüngste Forschungsergebnisse zeigen, daß Sie das Risiko für Ihr Baby senken können. Lassen Sie es auf dem Rücken oder auf der Seite schlafen, nicht auf dem Bauch. Wenn es auf der Seite liegt, betten Sie den unteren Arm ein wenig nach vorn, damit es nicht auf den Bauch rollen kann. All das kann Sie vor dem Verlust Ihres kostbaren kleinen Babys bewahren ...« Und dann kam Elton John zum Einsatz: »How wonderful life is, while you're in the world.«

Doch wer sollte die medizinischen Hinweise geben? Schließlich waren Mike und ich keine Ärzte. Wir wußten, daß wir den Spot nicht ohne die Unterstützung einer renommierten medizinischen Einrichtung senden konnten. Also wandten wir uns erneut an die Stiftung.

Wir riefen Joyce Epstein an. Würde die Stiftung den Spot als ein Geschenk annehmen und uns dafür ihren Namen zur Verfügung stellen? Wir weihten sie in unseren Plan ein. Irgendwie mußten wir noch einen Sponsor finden, und dann würden wir den Spot zur allerbesten Sendezeit im Fernsehen ausstrahlen.

Wir wußten, daß Fernseh-Sendezeiten teuer waren. Aber wenn alles nach Plan verlief, würden wir am Ende nichts zahlen müssen. Denn wir würden die Regierung bloßstellen und dadurch dazu zwingen, die Finanzierung zu übernehmen. Doch zunächst galt es, einen Sponsor zu finden.

Auch hier fanden wir Hilfe. Ein Mitarbeiter der Werbeabteilung der *Sun* bot sie uns an. Er hieß Paul Booth und begleitete Mike und mich durch dieses für uns komplette Neuland. Wie hoch waren die Sendetarife? Wir fanden heraus, daß die Fernsehgesellschaften alle eigene Tarifsysteme hatten und im Prinzip nehmen konnten, was sie wollten. Wie konnten wir sie also dazu bringen, ihre Gebühren für uns zu senken? »Wir müssen herumtelefonieren und betteln«, schlug Paul Booth vor. Also setzten wir drei uns ans Telefon.

Schon Supis Tod hatte damals Schlagzeilen auf den Titelseiten gemacht, doch der Plötzliche Kindstod war eine noch größere Nachricht. Die Werbeleute der meisten Sendeanstalten erkannten sofort, warum unser Spot so wichtig war, und kamen uns sehr entgegen. Der Großteil der Sender bot uns einen anständigen Rabatt an, manche gewährten uns den Sendeplatz zur Hälfte der üblichen Gebühren.

Mothercare, ein Hersteller für Babyartikel, ließ uns durch seine Public-Relations-Abteilung wissen, daß sie uns mit 25.000 Pfund unterstützen würde, was in etwa unsere Kosten decken würde. Alles lief perfekt.

22. Kapitel

Als ich die Tränen in den Augen einer Journalistin sah, wußte ich, daß unser Dokumentationsfilm Erfolg haben würde. Es war der Tag der Pressevorführung, und jede Zeitung hatte einen Reporter geschickt. Die erwähnte Journalistin – jung, langbeinig, blond – kam anschließend zu mir. »Ich muß mich beeilen, um meinen Bericht zu schreiben«, sagte sie, und dann flüsterte sie mir zu: *»Ich wollte Ihnen noch etwas sagen. Wenn ich einmal ein Baby bekomme, werde ich dafür sorgen, daß es auf dem Rücken schläft!«*

Dann kamen uns beiden die Tränen. Die junge Journalistin drückte rasch meine Hand und ging. Genau diese Reaktion hatten wir mit unserem Film erreichen wollen. Wir wollten jedem sagen, daß er oder sie etwas gegen den Plötzlichen Kindstod tun kann. Nicht nur Mütter, sondern auch zukünftige Mütter. Und Väter.

Wir hatten den Film mit ›Der Alptraum jeder Mutter‹ betitelt, denn diese Worte hatte das Kindermädchen Sandra benutzt, als sie an jenem schicksalhaften Tag zu uns kam. Und so beschreiben es viele. Ich erhielt eine Menge Beschwerden von Vätern, die darauf hinwiesen, daß der Plötzliche Kindstod auch der Alptraum eines jeden Vaters sei. Natürlich ist es das. Aber ›Der Alptraum aller Eltern‹ klingt einfach nicht so gut, finde ich.

Am nächsten Tag sollte unser Film gesendet werden. Es war Halloween, und die Kinder hatten Freunde zu einer Geisterparty eingeladen. Außerdem war mein *TV-Weekly*-Tag, ich hatte also ziemlich viel Hektik. Um halb sieben morgens verließ ich das Haus, um nach Southampton zu fahren. Um neun war ich zur Aufnahme-Besprechung im Studio, dann folgte eine kurze Probe, anschließend ging es in die Maske. Danach kam der Höhepunkt des Tages, ein Arbeitsessen mit den Gästen der Sendung, bei dem wir den Ablauf des Abends besprachen. Dann ging es zurück ins Studio zur Aufnahme.

Ich war bereits auf dem Sprung nach Hause, um noch das Ende der Halloween-Party mitzubekommen, als das Telefon klingelte. Chris Riley nahm den Hörer ab. Er schaute zu mir herüber und legte die Hand auf die Sprechmuschel.

»Für dich. Jemand vom Presseverband.«

Ich nahm den Hörer. Eine weibliche Stimme begrüßte mich. »Hallo Frau Diamond. Ich hätte gerne Ihre Reaktion zu der neuesten Nachricht ...«

»Welche Nachricht?« fragte ich nervös.

»Wir haben gerade eine Presseerklärung des Gesundheitsministeriums erhalten. Es geht darum, daß ein Expertenteam beschlossen hat, daß *ab sofort alle Babys in Großbritannien auf dem Rücken schlafen sollen ...*«

Chris sah mein Gesicht und kam zu mir herüber. »Ist alles in Ordnung?«

»Ja«, antwortete ich leise. »Das Gesundheitsministerium hat gerade entschieden, daß alle Babys auf dem Rücken schlafen sollen. Ab sofort!«

Der Raum explodierte. Jeder, TV-Produzenten,

Direktoren, Aufnahmeleiter – Leute, die nie in ihrem Leben eine Windel gewechselt hatten –, wußte, wie wichtig das war.

»Hallo? Hallo?« rief die Stimme am anderen Ende der Leitung. »Sind Sie noch da? Was sagen Sie zu dieser Entscheidung?«

Ich konzentrierte mich wieder auf die Dame vom Presseverband. »Es ist eine wunderbare Nachricht, einfach wunderbar«, sagte ich und brach in Tränen aus.

Mein Funktelefon im Auto klingelte an diesem Abend ununterbrochen. Linda war außer sich vor Freude und versuchte noch hastig, die Erklärung des Gesundheitsministeriums ans Ende ihres Films zu basteln. Ich rief Peter Fleming in Bristol an. »Es war ganz einfach«, erklärte er. »Der Staatssekretär hat uns sechs Wochen gegeben, um die neuesten Statistiken aufzuarbeiten, aber wir brauchten dazu nur einen Nachmittag ... Es ist phantastisch, Anne. Und ohne Ihren Einsatz wäre es nie dazu gekommen.«

Wir beide wußten, daß der Kampf noch nicht zu Ende war. Es reichte nicht, daß das Ministerium seinen offiziellen Hinweis änderte. Die Öffentlichkeit mußte davon unterrichtet werden.

Die Halloween-Party war so etwas wie eine verspätete Geburtstagsfeier für Oliver. Die Gästeliste umfaßte viele kleine Freunde, die auch im Juli eingeladen gewesen waren, und denen wir damals absagen mußten. Manche brachten sogar Geschenke mit, deshalb strahlte Oliver ganz besonders. Sobald die letzten Gäste fort waren, machten Mike und ich uns auf zur Premierenfeier unseres Dokumentationsfilms.

Der Film war in den Programmzeitschriften für 20.30 Uhr angekündigt, und zuvor sollte es einen kleinen Empfang für alle Beteiligten geben. Mike und ich fanden, daß wir dabeisein mußten, um dem gesamten Team zu danken. Doch wir wollten wieder zu Hause sein, wenn der Film ausgestrahlt würde. Schließlich hatte er für uns eine ganz besondere Bedeutung. Für uns war er Supis Leben und unser Versuch, seinem Tod einen Sinn zu geben. Wir wußten, daß wir das ganz privat erleben wollten.

Wir sahen uns den Film im Spielzimmer an, zusammen mit Mikes Eltern, die schluchzend auf dem roten Sofa saßen. Während des Abspanns ertönte plötzlich eine Stimme aus dem Hintergrund und erklärte, daß von diesem Tag an der offizielle Rat an alle Eltern neu formuliert würde. Britische Babys sollten in Zukunft auf dem Rücken oder auf der Seite schlafen.

Das Telefon klingelte, und das tat es an diesem Abend noch häufig.

Es war meine Mutter. »Das war gut«, sagte sie schlicht. Und es war gut. Ich hatte einen Teil dazu beigetragen, aber es war eine großartige Teamleistung, und die Leiterin dieses Teams hieß Linda. Sie hatte die Idee zu allem gehabt, und dank ihrer Energie war ein beeindruckender Fernsehfilm daraus geworden. Linda hatte an diesem Abend sehr viele Leben gerettet, und ich hatte nie daran gedacht, es ihr zu sagen. In der ganzen Zeit waren meine Gefühle sehr subjektiv – doch später wurde mir bewußt, daß mich die Mitarbeit an diesem Film mit mehr Stolz erfüllte als irgend etwas anderes in meiner ganzen Karriere.

Die Dokumentation hatte eine Auszeichnung verdient. Doch unglücklicherweise und vielleicht auch wegen der Engstirnigkeit der Verantwortlichen wurde der Film nie für einen Preis vorgeschlagen. Leider hatten wir keine Zeit, lange darüber nachzudenken. Wir waren in Kampagne-Laune.

Wir wurden zu mehreren Talk-Shows eingeladen, unter anderem waren Shirley, Mike und ich zu Gast bei *Central Weekend*. Als ich das Studio nach der Sendung verließ, begegnete ich einer Frau, die ich sofort wiedererkannte. Es war Edwina Currie, die einmal einen recht einflußreichen Posten im Gesundheitsministerium innegehabt hatte. Sie war bekannt dafür, Dinge anzupacken, und das hatte sie bereits einmal ihren Job gekostet. Als sie noch im Ministerium arbeitete, hatte sie behauptet, die meisten englischen Eier wären salmonellenverseucht. Viele Leute hatten das bestätigt, doch Edwina Currie mußte damals zurücktreten.

Jetzt packte Edwina wieder an. Sie war als nächster Gast in der Talkrunde vorgesehen. Als sie mich sah, kam sie auf mich zu und strich mir über den Bauch. »Meinen Glückwunsch, Anne! Ich wußte gar nicht, daß Sie noch eins bekommen.« Ich war wie vor den Kopf geschlagen, lächelte dümmlich und ging weiter. Dann hörte ich, wie jemand sie beiseite nahm und ihr erklärte, daß ich vor drei Monaten ein Baby bekommen hatte, und zwar das, was vor kurzem gestorben war. Vielleicht war das der Grund, warum Edwina nach ihrem Auftritt zu mir in den Raum kam, wo für alle ein kleiner Imbiß gereicht wurde. Es war nicht ihre Art sich zu entschuldigen, statt dessen machte sie mir einen viel nützlicheren Vorschlag. »Ich werde dafür sorgen, daß Sie einen Termin bei der Gesundheitsministerin bekommen«, versprach sie. »Ich rufe Sie an.«

23. Kapitel

Bei der Produktion eines Fernsehspots tauchen eine Menge versteckte Kosten auf. Niemand sagt einem vorher, daß es Zeit und Geld kostet, ein einfaches Logo an das Ende des Films zu setzen. Niemand sagt einem, daß man Studiozeiten buchen muß, nur um die Videokassette in ein Gerät einzuspielen, das diese dann über irgendwelche Leitungen an alle großen Fernsehanstalten überträgt. Und niemand sagt einem, daß man auch für das Band zahlen muß, das den Film am anderen Ende aufnimmt. Wir waren völlig erledigt, als uns endlich bestätigt wurde, daß der Film in allen Fernsehanstalten abspielbereit vorlag.

Unser Spot sollte zum erstenmal in der Werbepause der allabendlichen Seifenoper *Coronation Street* gesendet werden. Aufgeregt saßen wir an diesem Abend vor dem Fernseher. Nach der zweiten Werbepause klingelte das Telefon. Die Hälfte unserer Familie und Freunde hatten alles falsch verstanden und die falsche Werbepause angesehen. »Wo war euer Film?« riefen sie.

Wir warteten mit angehaltenem Atem bis 19.57 Uhr. Dann war der Spot plötzlich da – zwischen einer Bohnen- und einer Waschmittelwerbung. Und genauso plötzlich war alles vorbei. Es waren die teuersten dreißig Sekunden, für die ich je verantwortlich gewesen war, und ich hoffte, daß jemand Notiz davon genommen hatte. Denn ich hatte plötzlich das Gefühl, in ein tiefes Loch zu fallen. Soviel Geld hatte ich nur ein einziges Mal ausgegeben, als wir unser Haus gekauft hatten. Und da hatten wir wenigstens etwas zum Zeigen. Jetzt fühlten wir uns ziemlich leer. »Himmel«, stöhnte Mike, »hoffentlich hat es so funktioniert, wie wir uns das wünschen.«

Als wir an diesem Abend ins Bett gingen, trösteten wir uns gegenseitig damit, daß sich wohl jeder Werber so fühlt. Aber es mußte funktionieren, sonst würden die Waschmittel-Leute es doch nicht so oft machen.

Am nächsten Morgen reagierten zumindest die Zeitungen – sie kommentierten vor allem die Tatsache, daß Elton John uns ein paar Zeilen seines Lieds zur Verfügung gestellt hatte. Bis zum Frühstück wurden wir mit Interviewwünschen bestürmt. Wir äußerten uns im Radio und Fernsehen und wiederholten immer wieder den gleichen Standpunkt. *Müssen wir britischen Eltern uns ein so nachlässiges Verhalten unseres Gesundheitsministeriums gefallen lassen? Wenn neuseeländische Babys es wert waren, gerettet zu werden, warum nicht auch unsere eigenen? Wir brauchen eine Aufklärungs-Kampagne, und zwar sofort.* Wir teilten unsere Ansichten mit Absicht so emotional mit, weil das den größten Effekt haben würde. Im Laufe des Vormittags waren wir zu Gast in der BBC-Show *UK Today*, die von der Ärztin Miriam Stoppard geleitet wurde. Sie schüttelte uns herzlich die Hand. »Wissen Sie, wir Ärzte haben seit Jahren von dieser Sache mit der Schlafposition gewußt. Es ist fürchterlich, daß wir nie etwas unternommen haben. Ich denke, es gibt eine Menge, wessen sich die Mediziner schämen sollten. Es hätte nicht soweit kommen dürfen, daß erst das Baby eines Fernsehstars stirbt ...«

Auf dem Rückweg vom Studio klingelte das Autotelefon. Es war die Sekretärin des Leitenden Amtsarztes Dr. Kenneth Calman. Ob wir einen Termin mit ihm vereinbaren könnten? Wenige Tage später saßen wir in seinem Büro. Mike hielt eine Kopie unseres Fernsehspots unter dem Arm. Dr. Calman, der uns als erstes erzählte, daß er ebenfalls Vater war, schüttelte uns die Hand. »Ich habe das, was Sie getan haben, verfolgt und bewundere Ihre Courage«, meinte er.

Das war ein guter Anfang, dachte ich. Zumindest war der Mann uns gegenüber nicht abgeneigt.

»Aber jetzt sagen Sie mir doch, was wir Ihrer Meinung nach tun sollten.«

Bei einer Tasse Kaffee und Gebäck erklärten wir Dr. Calman, was uns an der neuseeländischen Idee und an Peter Flemings Ansatz in Avon am meisten gefallen hatte.

»Ihr Mediziner habt eure Arbeit jetzt getan«, sagte Mike. »Ihr seid zu dem Schluß gekommen, daß die Rückenlage die beste ist. Jetzt müßt ihr es den Kommunikationsleuten überlassen, die Botschaft an die Bevölkerung weiterzugeben ...«

Ohne den Eindruck von Überheblichkeit zu vermitteln, erklärten wir Dr. Calman, daß wir bereits einige Erfahrung darin hatten, wie man mit Hilfe des Fernsehens die Menschen erreichte, die man erreichen wollte. Schließlich hatten wir unser ganzes Berufsleben in dieser Branche gearbeitet. Wir zeigten ihm unser Video.

»Kann ich die Kopie behalten?« bat Dr. Calman. Wir waren nur allzu erfreut. Kamen wir hier vorwärts?

Oder war auch er nur einer dieser Feuerwehrmänner, der den ersten Funken zum Erlöschen bringen wollte, ehe ein verdammt großes Feuer daraus entstehen konnte? Mit anderen Worten, war das das letzte, was wir je von ihm gehört haben sollten? Ich erklärte Mike meine Bedenken, als wir im Taxi nach Hause fuhren.

»Nein, das glaube ich nicht«, antwortete Mike. »Er muß verstanden haben, daß es sich nicht mehr nur um ein kleines Feuer handelt. Es ist ein ziemlich großes Inferno. Und wenn ich er wäre und erst ein paar Wochen im neuen Job, würde ich meine Amtszeit ungerne in einem abgebrannten Wrack beginnen ...«

Am nächsten Tag rief Edwina Currie an. »Wie ist es nächsten Dienstag um halb sechs abends?« fragte sie. Sie hatte uns einen Termin bei der Gesundheitsministerin beschafft.

Mike und ich standen in der Wandelhalle des Gesundheitsministeriums mit einer weiteren Videokopie unter dem Arm und vielen guten Argumenten im Kopf. Peter Fleming erschien mit seiner Assistentin Alison Stewart und einer Mappe voller Forschungsberichte. Die neuesten Zahlen dokumentierten, daß die Todesrate in Avon um insgesamt fünfundsiebzig Prozent gesunken war. Wir alle fieberten vor Aufregung. Edwina kam, um uns abzuholen. Sie machte einen forschen und unternehmungslustigen Eindruck und hätte uns wohl am liebsten abgestaubt und den Männern die Krawatten zurechtgerückt, ehe sie uns ins Allerheiligste führte. Es war ein Warteraum, von dem wir in einen anderen Warteraum gelangten und dann wieder in einen anderen Warteraum. Es war nervender als eine Audienz bei der englischen Königin.

Schließlich traten wir durch eine Eichentür, und dort, hinter einem riesigen Schreibtisch, saß Virginia Bottomley und lächelte ihr berühmtes Lächeln. Neben ihr waren ihr Pressesprecher Philip Aylett und Romela Christopherson, ihre Beauftragte für Öffentlichkeitsarbeit. Edwina begann zu flöten. Soviel Unterwürfigkeit hätte ich ihr wirklich nicht zugetraut.

»Frau Ministerin«, säuselte sie. »Wir sind Ihnen so dankbar, daß Sie uns ein paar Minuten in Ihrem hektischen Zeitplan gewähren. Darf ich Ihnen vorstellen ...« Natürlich hatte ich kein ›Hallo Virginia‹ erwartet, aber das haute mich um.

In diesem Moment begriff ich, daß wir jetzt dem Feuerwehrhauptmann gegenübersaßen. Man versuchte, unsere vorwitzigen Flammen mit einem Laken aus Phrasen zu ersticken. Offensichtlich sollten wir die allmächtige Hand schütteln und dann wieder nach Hause gehen mit dem netten, wohligen Gefühl, unser Bestes getan zu haben. Und bis an die Spitze gelangt zu sein. Mike, Peter und ich warfen uns wissende Blicke zu. Wenn man uns nur ein paar Minuten im hektischen Zeitplan der Gesundheitsministerin einräumte, durften wir keine Zeit verlieren.

»Sämtliche Untersuchungsergebnisse aus Neuseeland und Avon beweisen, daß die Kindstod-Rate dort in den ersten sechs Monaten nach der jeweiligen Aufklärungskampagne um mindestens fünfzig Prozent gesunken ist«, begann ich. »Und es wird noch besser. Die Zahlen zeigen, daß die Rate in den folgenden Monaten noch weiter fallen kann.«

Frau Bottomley schien einen Moment beeindruckt zu sein. »Wie kann man diese Statistik auf britische Verhältnisse übertragen?« fragte sie.

Jetzt oder nie, dachte ich. »Wir verlieren in Großbritannien jedes Jahr über 2.000 Babys«, erklärte ich mit fester Stimme. »Das sind ungefähr vier pro Tag. Mit einer sachgemäß durchgeführten Aufklärungskampagne könnten wir ...«, und dann korrigierte ich mich, »könnten *Sie* drei davon retten.«

Ich wußte, daß es zu einfach klang. Sie lehnte sich in ihren Sessel zurück und lächelte. Sie wandte sich von mir ab. Vielleicht glaubte sie, ich würde nur journalistisches Gefasel von mir geben. Sie sah Peter an.

»Das kann doch nicht sein?«

Peter nickte. »Es ist absolut richtig. Unsere Zahlen beweisen es. Es hat in Neuseeland so funktioniert, und ich habe es in Avon selbst beobachtet.«

Sie hob eine Augenbraue und dachte einen Moment nach. »Ich verstehe ... nehmen wir einmal an, wir starteten solch eine Kampagne. Wie und wo könnten wir das tun?«

Peter berichtete, wie er in Avon vorgegangen war. Und dann erklärten Mike und ich die Vorzüge des Fernsehens. Peter stimmte uns zu. Es war der einzige Weg, um die ganze Nation mit Erfolg zu erreichen. Wir forderten von einer ganzen Generation Mütter, das zu vergessen, was man ihnen vorher beigebracht hatte. Wir forderten von einer ganzen Generation Ärzte, Hebammen und Krankenschwestern, sich damit abzufinden, daß das, was sie vorher gepredigt hatten, falsch war. Wir würden auf eine Menge Zweifel, Widerstand und Verständnislosigkeit stoßen. Und der einzige Weg dagegen war, bei den Müttern den Wunsch nach Information zu wecken.

»Und der einzige Weg, diese Mütter zu erreichen, ist der über das Fernsehen«, sagte Mike.

Frau Bottomley wurde blaß. »Oh nein!« unterbrach sie ihn und machte eine heftige abwehrende Handbewegung. »Das Fernsehen können wir uns auf keinen Fall leisten ...«

Jetzt mischte Edwina sich ein. »Oh wie schade, Frau Ministerin. Nicht einmal im Frühling oder Sommer, wenn die Tarife billiger sind?«

Wir waren auf so etwas vorbereitet. Mike zog das Video hervor, und wir erklärten unsere Idee, den Spot zu benutzen, den wir bereits produziert hatten, und kommerzielle Sponsoren zu suchen. Wir hatten sogar das Angebot eines bekannten Kinder-Cartoonisten, der uns bei der Gestaltung von Plakaten und Broschüren unterstützen wollte.

»Es geht nicht nur um finanzielle Erwägungen«, antwortete die Ministerin. »Ich glaube nicht, daß wir das Fernsehen unbedingt brauchen. Wir erreichen junge Mütter am besten über Zeitungen und Babymagazine. Junge Mütter sehen nicht fern.«

Das war unglaublich. Ich wandte mich um, ob Mike noch neben mir saß, denn halb erwartete ich, daß er aus schierer Fassungslosigkeit ohnmächtig geworden sein könnte.

»Nein?« Ich sah die Ministerin ungläubig an. »Und wer schaut sich die ganzen Spiele-Shows und Seifenopern an?«

Sie sah mich unverwandt an. Vielleicht glaubte sie, ich sei in eine fremde Sprache verfallen. Ich wollte gerade meine Theorie über Waschmittelwerbung loswerden, als ich unterbrochen wurde. Edwina war aufgesprungen und staubte uns wieder ab. Ich sagte tatsächlich noch etwas, als sie mir den Stuhl fortzog und mich zur Tür schob.

»Gut, gut, wir sind Ihnen ja so dankbar, Frau Ministerin, daß Sie uns Ihre Zeit geopfert haben. Ich weiß, daß Sie sehr beschäftigt sind, deshalb wollen wir Sie nicht länger beanspruchen. Aber herzlichen Dank ...«, sagte sie.

Ich war entsetzt. Es war so ähnlich wie in der Grundschule, aber selbst da war ich nicht so gegängelt worden wie jetzt. Ich drehte mich noch einmal zu Frau Bottomley um. »Also, was passiert nun«, fragte ich sie auf den Kopf zu.

Sie erhob sich zu ihrer ganzen Länge, und ihre Sheriffs stellten sich schützend neben sie. »Ich denke, wir sind alle derselben Meinung, daß wir diese neue Information so wirkungsvoll wie möglich an die Öffentlichkeit bringen müssen. Und ich denke, das geschieht am besten durch eine entsprechende Kampagne in der Presse.«

»Und was ist mit dem Fernsehen?« entgegnete ich beharrlich. »Wir wissen doch alle, daß die Reichweite von Radio und Fernsehen wesentlich größer ist, oder?«

»Also, nein ehrlich gesagt, ich bin davon nicht überzeugt ... Außerdem«, fügte Frau Bottomley mit einem wohlwollenden Lächeln hinzu, *»machen Sie das doch sehr gut für uns.«*

Ich sah rot und schlug mit der Faust auf den Tisch. »Nein!« antwortete ich. »Nein! Das ist einfach nicht gut genug!«

Mike schlug mit der Faust gleich neben meine. »Nein!« wiederholte er. »Wir werden unsere persönliche Trauer nicht länger in der Öffentlichkeit ausbreiten, nur um Ihnen Geld zu sparen. Wenn Sie unsere professionelle Hilfe brauchen, werden wir Sie Ihnen gerne geben. Aber wir werden unsere Trauer nicht länger prostituieren.«

Edwina scharrte verlegen mit den Füßen und machte uns nochmals klar, daß wir gehen sollten. Frau Bottomley lächelte wieder. »Wir werden über alles nachdenken, was Sie uns vorgeschlagen haben«, versprach sie. »Und wir werden uns bei Ihnen melden. Ich verspreche es, wir werden uns bei Ihnen melden ...«

24. Kapitel

Sie hielt Wort. Zwei Tage später bekam ich einen Brief, in dem sie erklärte, daß das Gesundheitsministerium eine Broschüre veröffentlichen würde. ›Der Hinweis muß professionell und detailliert vermittelt werden. Wir werden zusätzlich Anzeigen in der Tagespresse schalten und dafür sorgen, daß die zuständigen Mediziner und das Pflegepersonal entsprechend geschult werden ...‹

»Mit anderen Worten«, stellte Peter Fleming fest, als ich ihn anrief, »tun sie nicht mehr als das absolute Minimum.«

Für mich war das unbegreiflich. Wir hätten es doch nicht deutlicher machen können. Wir hatten ihnen einen einfachen Weg vorgeschlagen, mit dem sich garantiert Hunderte von Leben retten ließen, und trotzdem wollten sie nichts davon wissen. Sahen sie denn nicht, was für einen Werbeeffekt die ganze Aktion für sie haben würde? Und das vor einer Wahl? Warum verhielten sie sich so gleichgültig? Ich war niedergeschlagen. Ich hatte mir soviel von unserem Besuch bei der Ministerin erhofft. Vielleicht, überlegte ich jetzt, war es falsch, daß ich die Geduld verloren hatte.

Mike war wütend. Er stürzte zum Telefon und drang vor bis zu Philip Aylett, dem Mann, der an Frau Bottomleys linker Seite gesessen hatte. Sie begannen zu reden, und Mike wurde immer erregter. Am Ende knallte er den Hörer auf.

»Ich kann es einfach nicht glauben«, wütete er. »Dieser Mann versucht doch tatsächlich, die Geschichte umzuschreiben. Er wischt alles weg, was wir bei unserem letzten Treffen erreicht haben. Er leugnet beinahe alles, was geschehen ist. Er behauptet, es wäre nie die Rede davon gewesen, das Fernsehen in die Kampagne einzubeziehen ... Diese Beamten scheinen sich einzubilden, sie könnten aus schwarz einfach weiß machen. Aber damit kommt er mir nicht davon.«

Wir setzten uns gemeinsam an den Computer und formulierten einen wütenden Brief an Frau Bottomley. Wir wurden immer häufiger zu Fernseh- und Radiosendungen eingeladen, hatten aber in letzter Zeit stets abgelehnt, weil wir Frau Bottomley und ihrer Kampagne den Vortritt lassen wollten. Jetzt hatten wir das Gefühl, daß wir etwas zu sagen hatten.

In den Zeitungen, im Radio und im Fernsehen stellte man uns immer wieder dieselbe Frage. »Ist es nicht großartig, daß sich nun auch das Gesundheitsministerium des Plötzlichen Kindstodes annimmt?«

»Nein, das ist nicht großartig«, antworteten wir. »Die Regierung unternimmt nur das Allernotwendigste. In Neuseeland gab es damals eine große Aufklärungskampagne im Fernsehen, und die britischen Babys haben das auch verdient.«

Dreimal Hoch für das britische Fernsehen! Am nächsten Morgen war Frau Bottomleys Sekretariat am Telefon. Ob wir sofort ins Ministerium kommen könnten?

Als wir wenig später in ihrem Büro saßen, saß sie wieder hinter ihrem großen Schreibtisch. Diesmal hatte sie einen Stapel Zeitungsausschnitte vor sich liegen, und sie trommelte nervös mit dem Finger auf die Tischplatte. »So geht das nicht«, sagte sie. »So geht das nicht ...«

Ich konnte erkennen, daß es Berichte über unsere jüngsten Fernseh- und Rundfunkäußerungen waren.

»Diese Art von Uneinigkeit geht nicht. Wir müssen nach außen eine gemeinsame Linie fahren.«

Wir setzten uns. Was wollte sie uns sagen? Wollte sie uns etwa rügen?

Sie fuhr mit ihrem nervösen Klopfen fort. Offenbar war sie sehr aufgeregt. »Als wir uns das letzte Mal trafen, sagte ich Ihnen, daß ich es nicht für nötig erachte, das Fernsehen in diese Aufklärungskampagne einzubeziehen. Offengestanden ist das noch immer meine Meinung ...«

Ich rutschte auf die Stuhlkante.

»Aber man hat mich überredet, gegen meinen Willen, daß wir einen Fernsehspot machen sollten. Und wir würden es sehr begrüßen, wenn Sie ihn für uns präsentieren könnten.«

Ich sah ihr fest in die Augen. Sie waren eisblau. Man konnte unmöglich erkennen, ob sie glücklich oder ärgerlich war. Aber am anderen Ende des Schreibtischs strahlte Romela Christopherson. Ich schaute Mike an. Offensichtlich bemühte er sich genauso angestrengt wie ich, nicht in Triumphgeschrei auszubrechen. Verflucht, dachte ich, diese Befriedigung werde ich ihr nicht verschaffen.

»Warum benutzen wir nicht den Spot, den wir bereits fertiggestellt haben?« schlug ich vor.

»Wir haben ihn uns angesehen und sind der Meinung, daß er nicht weit genug geht. Wir finden, wir könnten es noch etwas besser machen als die Neuseeländer. Wir können den englischen Müttern ohne weiteres raten, daß die Rückenlage die beste ist.«

Das war richtig. Alle Untersuchungsergebnisse aus Neuseeland und Avon wiesen darauf hin, daß Babys am besten auf dem Rücken schliefen. Der Mittelweg, sie auf die Seite zu legen, war bereits überholt. Wir in England konnten durchaus ganze Arbeit leisten.

»Werden Sie den Fernsehspot für uns präsentieren?« fragte Frau Bottomley erneut.

Am liebsten wäre ich aufgesprungen und hätte gerufen: *Ja, natürlich werde ich das! Schließlich kämpfe ich seit Tagen darum!* Statt dessen hörte ich mich selber sagen: »Kann ich darüber nachdenken?«

»Warum hast du das gesagt?« fragte Mike, als wir wenig später ins Taxi stiegen.

»Ich weiß es auch nicht«, antwortete ich. »Aber ich werde einen Teufel tun und ihr die Füße küssen.«

Wenn die Regierung vorhat, Geld auszugeben, kann sie Geld ausgeben. Frau Bottomley beauftragte nicht irgendein Fernsehteam, diesen Spot zu produzieren, sie beauftragte das beste. Leiter war der renommierte Fotograf Terence Donovan. Es war ein riesiges Studio, und sie hatten gleich sechs professionelle Babys von einer Model-Agentur gemietet. Lauter süße drei und vier Monate alte Säuglinge. Alt genug, um lächeln zu können, und mehr mußten sie nicht tun. Ich war die einzige, die umsonst arbeitete.

Wir machten insgesamt achtundvierzig Aufnahmen. Die vierundzwanzigste und die letzte waren die besten. Als wir bei Nummer achtundvierzig angekommen waren, benutzte ich wieder das erste Baby. Es war ein anstrengender Tag. Terence Donovan wollte die ganze Botschaft in einen einzigen Shot unterbringen. Ich kam ins Bild, ging auf eine Wiege zu und legte das Baby auf den Rücken. Das klingt ziemlich einfach, aber es war schwierig, dieselben Zeilen zur gleichen Zeit zu sprechen, an genau die richtige Stelle zu gehen, das Baby genau im richtigen Moment hinzulegen und es auf Kommando zum Lächeln zu bringen.

Nach den Aufnahmen ging ich zurück in die Garderobe. Ich drehte mich noch einmal um und betrachtete kurz das hektische Durcheinander. Kameraleute und Produzenten, Tontechniker und Ingenieure, Babys und ihre Mütter, Leute vom Ministerium. *»Oh Supi, wenn du nur hier wärst und das alles sehen könntest«*, flüsterte ich. *»Das ist wahrscheinlich das Allerwichtigste, was ich je in meinem Leben getan habe, und alles nur wegen dir ...«*

Die Gesundheitsministerin und ich waren seit dem Morgen, als wir unsere Aufklärungskampagne starteten, zu einem ›perfekten Gespann‹, wie sie es nannte, geworden. Ich hatte jedoch den Eindruck, daß sie das ironisch meinte. Denn wo immer sie an jenem Morgen zum Interview erschien, war ich ihr auf den Fersen. Und aus ihrem erstaunten Gesichtsausdruck schloß ich, daß ihr niemand gesagt hatte, daß sie nicht allein im Rampenlicht stehen würde.

Als erstes trafen wir uns um sieben Uhr bei *TV-am*, wo wir gemeinsam auf dem Talk-Sofa saßen und von Mike Morris und Lorraine Kelly befragt wurden. Wir bildeten die so wichtige gemeinsame Front, und ich lächelte freundlich, als die Ministerin ihre lebensrettende Initiative stolz vorstellte. Es hätte unserer Sache nur geschadet, wenn ich sie in diesem Moment daran erinnert hätte, wessen Idee das Ganze tatsächlich gewesen war.

In diesem Moment war auch ich die perfekte Politikerin. Die Journalisten ließen sich nicht für dumm verkaufen, und viele versuchten mich dazu zu bringen, die Regierung zu kritisieren. Aber dieser Tag, sagte ich immer wieder, war kein Tag für so etwas. An diesem Tag überbrachten wir Nachrichten, auf die die Eltern zu Hause gewartet hatten. Politische Zankereien hätten sie nur irritiert.

Wir setzten unsere Kindstod-Tournee fort – in getrennten Autos. Nach weiteren Interviews stellten wir uns schließlich den Fotografen. Auf einer Pressekonferenz spielten wir den versammelten Journalisten unseren Werbespot vor und erläuterten ihnen die Broschüren.

Ich sah mich im Raum um. Jeder, der in Sachen Plötzlicher Kindstod einen Namen hatte, war anwesend. Die Leiterin des Hebammenverbandes war gekommen, die Stiftungsvorsitzenden, Peter Fleming, sogar der Geschäftsführer eines Babybekleidungsherstellers war erschienen und versprach, die Broschüren in seinen Läden auszulegen.

Alles war genauso, wie ich es mir gewünscht hatte, auch wenn es ein hartes Stück Arbeit gewesen war, das Gesundheitsministerium in Bewegung zu bringen. Ich gratulierte der Ministerin, und sie lächelte süßlich. Ich hatte gehofft, wenigstens in diesem Moment eine Spur von Menschlichkeit oder Mitgefühl in ihren Augen zu sehen. Schließlich war auch sie eine Mutter. Merkte sie denn nicht, wie wichtig dies alles für mich war?

Um gerecht zu sein, wahrscheinlich war sie in Gedanken schon bei ihrem nächsten Feuer. Wahrscheinlich warteten bereits drei oder vier Abordnungen verzweifelter Menschen in ihrem Büro. Sie entschuldigte sich und verschwand zu ihrem vollen, vollen Terminplan. Ich fuhr nach Hause und überlegte mir, was wir alle jetzt tun würden, wo die Kampagne gestartet war.

25. Kapitel

Sie hatten natürlich recht gehabt, alle diese Kindstod-Experten. Jeder von ihnen hatte mir geraten, lieber zu Hause den Tod meines Sohns zu betrauern, anstatt mich um diese Kampagne zu kümmern. Ich erinnere mich noch genau an Shirley Tonkins Worte: ›Vielleicht glauben Sie, Sie könnten davonlaufen, aber das geht nicht. Wenn Sie nach Hause zurückkommen, wird es Sie um so schlimmer treffen ...‹

Und so war es. Vielleicht lag es daran, daß die ganze Aufregung um unser Projekt sich plötzlich gelegt hatte. Die Kinder gingen wieder in den Kindergarten, und das ganze Haus erschien mir leer. Vielleicht war es auch eine verzögerte Reaktion, jedenfalls fiel ich in ein tiefes, tiefes Loch. Ich konnte nicht mehr schlafen.

Nachts gingen mir wieder und wieder die Aktionen der letzten Wochen durch den Kopf. Ich saß in einem Büro im Ministerium und schlug vor verschiedenen Politikern mit der Faust auf den Tisch. Immer wieder spielte sich in meinem Kopf die Szene ab, wie ich Supi an jenem Morgen tot aufgefunden hatte. Irgend jemand hatte mir in einem Brief geschrieben, daß nichts dieses Bild auslöschen würde. Aber ich wollte es auch nicht auslöschen, ich wollte nur ein anderes Ende.

Warum hatte ich nicht das getan, was mir so viele Frauen in ihren Briefen geraten hatten? Warum hatte ich nicht den Rat meiner eigenen Mutter befolgt und mein Baby zum Schlafen auf den Rücken oder auf die Seite gelegt? Warum waren wir in den Weihnachtsferien nicht wie sonst nach Australien geflogen? Die australische Kindstod-Kampagne war in jenen Weihnachtstagen vor Supis Tod dort in vollem Gange gewesen. Ich hätte sie mitbekommen und ihren Rat befolgt. Und Supi würde noch leben.

Und wenn ich dann endlich einschlief, hatte ich wieder diesen Traum, immer und immer wieder. Ich rannte diesen langen Flur entlang zu dem Mann hinter dem Mahagoni-Schreibtisch und schrie: »Kann ich jetzt mein Baby wiederhaben?«

Morgens schaute Mike mich jedesmal beim Frühstück an und stellte fest: »Du siehst schrecklich aus.«

»Ja«, antwortete ich dann. »Ich habe die ganze Nacht gearbeitet.«

Wir beschlossen zu fliehen. So weit wie möglich. Nachdem ich den Kindstod-Spot beendet hatte, war er das letzte, was ich sehen wollte, wenn ich abends den Fernseher einschaltete. Wir mieteten ein Haus in Palm Beach, nördlich von Sydney gelegen, und flogen mit der ganzen Familie, einschließlich Mikes Eltern, dorthin. Schon vor langer Zeit hatte ich gelernt, wie man kleine Jungen während eines langen vierundzwanzigstündigen Flugs bei Laune hält. Mit Stapeln von Papier, abwaschbarer Kreide und Malstiften.

Endlos saßen Mikes Mutter und ich da, schnitten aus, malten und klebten mit Oliver und Jamie, wobei wir unsere Kreativität bis zur äußersten Grenze steigerten. So kamen wir bis Bangkok, wo alle schließlich doch noch der Schlaf übermannte – und wir blieben im Halbschlaf, bis das kleine Flugzeug auf dem Monitor über unseren Köpfen endlich australischen Luftraum durchflog.

Jamie war in Sydney geboren. Wir waren hierhergekommen, um seinen Geburtstag mit einer Strandparty zu feiern. Aber Trauer läßt sich nicht so leicht abschütteln. Sie verfolgt einen um den ganzen Erdball. Und wenn wir geglaubt hatten, ein Weihnachtsfest in der Sonne wäre nicht so emotionsgeladen wie zu Hause, hatten wir uns getäuscht.

Eines Nachmittags machten wir einen Einkaufsbummel durch Darling Harbour. Aus dem alten Hafengebiet war eine sehr hübsche, moderne Einkaufszone geworden. Eine Prozession kam vorbei und zog über die kopfsteinbepflasterte Straße. Es waren größtenteils Kinder in biblischen Gewändern, die Lämmer, Ziegen und Ferkel mit sich führten. Jamie und Oliver blieben fasziniert stehen. Als dann noch drei Kamele auftauchten, die von kostbar gekleideten Königen geführt wurden, wurde uns klar, daß es sich um ein Krippenspiel handeln mußte.

Wir schlossen uns der Prozession an, die zu einer Wiese in der Nähe der berühmten Harbour Bridge ging. Dort wurden Programme, Liederhefte und Kerzen verkauft. Wir setzten uns ins Gras, Mike und seine Eltern, Oliver, Jamie und ich und schauten uns eine sehr schöne Aufführung der Weihnachtsgeschichte an, während die Sonne unterging und der Vollmond über dem Sydney Tower emporstieg. Auch australische Kinder singen ›Stille Nacht‹. Wir sangen mit, hielten unsere Kerzen in den dunklen Himmel und weinten um den kleinen Jungen, der eigentlich jetzt bei uns sein sollte.

Als wir wieder zu Hause waren, suchte ich einen Arzt auf. »Bitte geben Sie mir ein Schlafmittel«, flehte ich ihn an. Ich sehnte mich nach Valium, nach irgend etwas, daß mich umhaute.

Glücklicherweise weigerte er sich. Er bat mich, mich zu setzen und ihm von meinen Problemen zu erzählen. »Sie brauchen ein paar Gespräche mit einem Fachmann«, sagte er. »Das wird Ihnen viel mehr helfen als Schlaftabletten.«

Ich verstand nicht wieso. Nichts würde mir helfen, weil Supis Tod der Grund für meine Schlaflosigkeit war. Und mir wurde langsam klar, daß nichts ihn zurückbringen würde.

»Versuchen Sie es doch wenigstens.« Der Arzt blieb hartnäckig. »Wenn es nicht hilft, können Sie immer noch aufhören und wieder zu mir kommen. Aber versprechen Sie mir bitte, zuerst zu einer Psychologin zu gehen.«

Er nannte mir den Namen einer Gesprächstherapeutin, die er gut kannte. Sie hieß Vivienne und hatte ihre Praxis etwa fünf Minuten von unserer Haustür entfernt. Ich rief sie an und stellte fest, daß sie meinen Anruf erwartet hatte. Als ich wenig später ihre Praxis betrat, fiel mein Blick als erstes auf die Schachtel mit den Kleenex-Tüchern, die mitten auf dem Tisch stand. War das ihr Arbeitswerkzeug? Ich war kein Mensch, der in der Öffentlichkeit weinte. Normalerweise konnte ich mich auch in den schwierigsten Situationen beherrschen, bis ich allein war. Aber schon nach zwei Minuten zog ich ein Taschentuch nach dem anderen aus der Schachtel und schneuzte mir die Nase. Es war mir peinlich, mich vor einem fremden Menschen so gehen zu lassen, aber ich konnte nicht anders.

Ich weiß nicht mehr, worüber wir sprachen, außer darüber, wie sehr ich Sebastian liebte und vermißte.

Aber in dieser Nacht konnte ich schlafen. Also suchte ich Vivienne ein zweites Mal auf, und meine Schlafphasen wurden immer länger. Wir sprachen über große Dinge, über Religion und darüber, ob ich glaubte, Supi sei im Himmel. Wir sprachen über kleine Dinge, über kleine Sorgen, die jemand anderem unbedeutend erscheinen mochten, mich jedoch stark belasteten. Was sollten wir zum Beispiel mit Supis Zimmer machen? Wo sollten wir seine Kleider hinräumen? Sollte ich seine Matratze behalten? War es gut, daß ich noch immer mit seinem Strampelanzug unter dem Kopfkissen schlief? Vivienne erklärte mir, daß jedes Gefühl gut war, solange es nicht zur Zwangsvorstellung wurde.

Als Mike und ich darüber nachdachten, in ein anderes Haus zu ziehen, sagte ich ihr, daß ich Angst hätte, Supi auf diese Weise zurückzulassen. Vor Jahren hatte ich einmal ein Fernsehspiel gesehen, in dem es um die Theorie ging, daß unsere spirituelle Energie in den Wänden ist, die uns umgeben. Ich fragte mich immer noch, was mit Supis Geist passiert war, mit seinem Lebensfunken, der seinen Körper an jenem schrecklichen Morgen verlassen hatte. Ich wollte das Zimmer, die Tapeten, die Wände nicht einfach zurücklassen.

»Nun, wenn Sie das so sehr beschäftigt, dann nehmen Sie sie doch mit ...«, schlug Vivienne vor.

»Wie denn?«

»Nichts ist unmöglich«, antwortete sie. »Wenn Sie die Tapete mitnehmen möchten, lösen Sie sie von den Wänden. Und nehmen Sie auch den Putz mit, wenn Sie das möchten.«

Ich lachte unsicher.

»Das meine ich ernst.« Vivienne sah mich an. »Wenn Sie es wirklich wollen, tun Sie es. Denken Sie darüber nach.«

Und natürlich belastete mich dieses Problem von diesem Moment an nicht mehr. Vivienne hatte mir die *Erlaubnis* gegeben, die seltsamsten und ungewöhnlichsten Empfindungen zu haben, das war das wichtigste. Sie hatte mich nicht ausgelacht oder für verrückt erklärt, sondern mich ernst genommen. Auch wenn sie mir Supi nicht zurückgeben konnte, fühlte ich mich doch durch sie ein wenig besser.

An einem unserer letzten Nachmittage in unserem alten Londoner Garten war ich mit den Blumenbeeten beschäftigt, während Oliver und Jamie auf dem Rasen spielten. Seit Supis Tod war ich eine begeisterte Gärtnerin geworden. Es hatte mir irgendwie geholfen, Dinge zu pflanzen, zu säen und zuzusehen, wie sie wuchsen. Vielleicht brauchte ich nur die Bestätigung, daß ich etwas Lebendiges aufziehen und am Leben halten konnte. Die beiden Jungen lachten laut, und ich drehte mich zu ihnen um. Ich hätte schwören können, daß dort ein kleiner Junge mit ihnen spielte. Es war Supi. Und ich lächelte. Zum erstenmal seit Supis Tod hatte ich an ihn gedacht, ohne daß es sofort weh tat. Ich wußte jetzt, daß ich mich auch mit Freude an ihn erinnern konnte. Es war eine große Erleichterung für mich.

26. Kapitel

»Glauben Sie, daß Sie noch einmal ein Baby bekommen werden?« Es war eine entwaffnend direkte Frage, aber da sie von Eltern gestellt wurde, die ebenfalls ein Kind verloren hatten, empfand ich sie nicht als unverschämt. Wir waren in Dublin bei einem irischen Fernsehsender, wo wir in einer populären Talkshow zu Gast gewesen waren.

Mike und ich waren Gäste der Irischen Selbsthilfegruppe für den Plötzlichen Kindstod. Sie versuchte, die irische Regierung unter Druck zu setzen, damit sie eine ähnliche Kampagne organisierte wie wir in England. Doch bisher hatten sie wenig Erfolg gehabt. Als sie uns anriefen, klangen sie so verzweifelt, daß wir unsere Hilfe sofort zusagten. Als wir in Irland ankamen, verstanden wir, warum sie so verzweifelt waren: Es waren alles Eltern, die ein Kind verloren hatten.

Wir hatten kaum irischen Boden betreten, als sich aus der Gruppe, die uns empfing, ein Paar löste. Sie umarmten uns stürmisch. »Anne, Mike, willkommen! Wir sind Una und Brian O'Brien.« Ich konnte mich sofort an sie erinnern. Sie hatten uns einen Brief geschrieben, kurz nachdem Supi gestorben war. Es war das irische Ehepaar, dessen kleines Töchterchen Sorcha auf den Tag genau ein Jahr vor Supi gestorben war. Es ist schwierig zu beschreiben, wie eng man sich in einem solchen Moment verbunden fühlt. Indem uns diese Leute in ihrem Brief ihre traurige Geschichte berichtet hatten und uns schrieben, wie sehr sie mit uns fühlten, hatte sich ein ganz besonderes Band zwischen uns gebildet. An jedem 12. Juli, an dem wir zugleich Olivers Geburtstag feiern und Supis Todestag gedenken, denken wir heute auch jedesmal an Una und Brian.

Jetzt waren wir also in Irland und setzten uns für die irischen Babys ein. Wir hatten an einer Pressekonferenz teilgenommen, waren in mehreren Talkrunden aufgetreten und hatten auf einer Konferenz gesprochen. Auch Peter Fleming war eingeladen worden, und zum erstenmal hörten wir einen Vortrag von ihm. Es war ein Vortrag über seine Entdeckungen in Avon und über den großen Sinneswandel bezüglich der Schlafposition eines Babys.

»Wenn das unsere Regierung nicht umstimmt, dann weiß ich auch nicht mehr weiter«, meinte Paddy Craven, der Vorsitzende der Selbsthilfegruppe. Und dann stellte er seine Frage noch einmal, ganz leise: »Glauben Sie, daß Sie noch einmal ein Baby bekommen werden?«

Hätte mich das jemand anderes gefragt, wäre ich sicher sehr verletzt gewesen. Ich hätte es als eine Beleidigung für Supi empfunden. Aber dieser Mann und all die anderen Menschen um uns herum wußten, was es bedeutete, ein Kind zu verlieren. Und sie wußten auch um die zwiespältigen Gefühle, die einen bei dem Gedanken an ein weiteres Kind überfallen. Sie kannten die Schuldgefühle, die Ängste und das Gefühl des Verrats. Alle, auch Mike, warteten gespannt auf meine Antwort. »Oh, ich weiß nicht.« Ich lachte.

»Manchmal denke ich, das wäre schön, aber die meiste Zeit bin ich mir eigentlich nicht sicher ...«

»Aha«, antwortete Paddy mit einem Augenzwinkern. »Dann brauchen Sie also einen Unfall ...«

Aber der Unfall passierte lange nicht. Am Ende unseres zweiten Jahres ohne Supi sehnte ich mich nach einem weiteren Baby. Und ich war mir sicher, daß es kein Ersatz für ihn sein würde. Ich wollte einfach ein lebendiges, strampelndes Baby in meinen Armen halten. Eine Freundin von mir hatte einmal gesagt: ›Du bist immer noch die Mutter eines vier Monate alten Babys, obwohl dieses Baby nicht mehr da ist.‹ Es war nicht so, als befriedigten Oliver und Jamie meine Muttergefühle nicht. Ich liebte sie genausosehr wie immer. Vielleicht kann das nur eine Mutter verstehen. Ich brauchte ein Baby. Und dieses Baby war Jake.

Als ich feststellte, daß ich schwanger war, war ich so aufgeregt, daß ich die Nachricht kaum für mich behalten konnte. Mike war im Büro, und es würde noch mehrere Stunden dauern, ehe ich es ihm in Ruhe erzählen konnte.

Als er schließlich nach Hause kam, brachte er einen Stapel Akten mit und das Telefon klingelte ununterbrochen. Wir hatten keine ruhige Minute, bis die Kinder im Bett waren und wir uns selber zum Schlafengehen fertigmachten.

»Mike, ich glaube, ich bin schwanger ...« In Wahrheit *wußte* ich, daß ich schwanger war. Aber ich wollte ihm diese Nachricht möglichst schonend beibringen, damit sie ihm keinen Schock versetzte.

In seinen Augen standen Tränen. »Glaubst du, wir können das ganze noch einmal durchstehen?« fragte ich ihn.

Er sah mich an und lächelte. »Natürlich können wir das«, flüsterte er, und dann weinte er.

Neun Monate später wurde Jake geboren. Er war seinen Brüdern wie aus dem Gesicht geschnitten. Wir hatten dieselbe Hebamme wie bei Supi, und auch die Kinderkrankenschwestern, die sich um ihn kümmerten, hatten bereits für Supi gesorgt. Ich saß im Bett, drückte mein neues kleines Baby mit den dunklen Haaren an mich und war überglücklich.

Vier. Als ich mein viertes Kind an mich drückte, hörte ich Julia Somerville, die Nachrichtensprecherin von *News at Ten.* »Wie wir soeben erfahren haben, brachte die Fernsehmoderatorin und Mitinitiatorin der Aufklärungskampagne zum Plötzlichen Kindstod einen kleinen Jungen zur Welt. Ihr dritter Sohn, Sebastian, starb vor zwei Jahren. Mutter und Baby sind wohlauf.« Und dann gratulierte Julia mir über das Fernsehen und verabschiedete sich. Ich blickte auf das winzige Bündel in meinen Armen und registrierte, daß meine Arme zum erstenmal seit einer Ewigkeit nicht schmerzten. Sie waren voll ... mit einem warmen Baby.

An dem Tag, als Jake und ich das Krankenhaus verlassen sollten, kam Mike mit dem Kindermädchen Alex und den beiden großen Jungen. »Wir haben an der Kirche angehalten und eine Kerze für Supi angezündet«, sagte Alex. »Die Jungen haben dem lieben Gott erzählt, daß sie ihr neues Baby liebhaben. Und weißt du, was sie noch gesagt haben?«

»Nein. Was denn?« Ich sah Oliver und Jamie an.

Oliver sah erst zu Alex und gab mir dann die Antwort selbst. »Wir haben den lieben Gott gefragt, ob wir das Baby diesmal behalten können. Das können wir doch, oder Mami?«

Dr. Rom kam herein, um Jake noch einmal zu untersuchen. Genauso wie er es bei Supi getan hatte, zog er ihn behutsam aus und sah ihn sich genau an. Alles war in bester Ordnung.

»Heute ist ein wunderbarer Tag«, sagte er leise. »Mit Jake ist ein neuer kleiner Mensch auf dieser Welt. Wir heißen ihn herzlich willkommen. Aber wir werden auch Sebastian nie vergessen. Ich werde ihn nie vergessen. Jedesmal wenn ich meinen jungen Müttern erkläre, wie sie ihre Babys zum Schlafen hinlegen sollen, erwähne ich voller Stolz, daß Sebastian eines meiner Babys war. Jetzt bringen Sie den kleinen Mann nach Hause. Und wenn er schlafen soll, legen Sie ihn natürlich auf den ...« Und er sah die Jungen fragend an.

»Rücken!« antworteten sie im Chor.

Epilog

Ich kann nicht behaupten, daß Jakes erste Monate einfach waren, denn das waren sie nicht. Er bekam eine Erkältung, und ich lag nächtelang wach und lauschte auf seine Atemzüge.

Noch vor seiner Geburt nahmen wir an einem Programm teil, das die Stiftung Eltern anbot, die noch einmal ein Kind bekamen. Wir standen unter der besonderen Obhut eines Kinderarztes, der speziell dafür ausgebildet war, sich um Eltern zu kümmern, die ein Kind durch Plötzlichen Kindstod verloren hatten. Wir erfuhren, daß man uns auf Wunsch einen Monitor zur Überwachung der Atemfrequenz zur Verfügung stellen würde. Zunächst hatte ich das wegen unserer Erfahrungen bei Jamie abgelehnt. Aber ich konnte nicht jede Nacht wachbleiben und ängstlich auf Jakes Atemzüge achten, deshalb nahm ich das Angebot schließlich doch an.

Wir bekamen eines dieser Geräte, das mit einem elastischen Gurt an der Brust des Babys befestigt wurde, wie ich es in Neuseeland gesehen hatte. Der Monitor war leicht zu handhaben und eine große Beruhigung für mich. Wir hatten so gut wie keinen Fehlalarm. Außerdem besorgten wir uns eine Babywaage und führten genau Buch über Jakes Gewicht, damit wir jedes Anzeichen für eine Gesundheitsstörung sofort erkannten.

Außerdem tat ich etwas, was ich noch mit keinem meiner Kinder gemacht hatte. Ich nahm Jake mit zu mir ins Bett. Ich weiß nicht, wieso mir diese Idee nicht früher gekommen war. Es war eine wunderbare Erfahrung. Jeden Abend ging ich glücklich ins Bett und hörte, wie Jake beinahe in mein Ohr atmete. Und morgens drehte er sich zu mir und strahlte.

Mike war nicht so begeistert. Natürlich machte er sich die gleichen Sorgen wie ich, aber er ist ein sehr empfindlicher Schläfer, der auf keinen Fall gestört werden darf und nicht mehr einschlafen kann, wenn er einmal aufwacht. Wie oft habe ich gesehen, daß er nachts im Bett saß, den Fernseher angeschaltet, und über den schlafenden Jake wachte.

Als Jake so groß wurde, daß er uns nachts in die Rippen trat, um sich Platz zu verschaffen, erstand ich eine wunderbare Erfindung: ein Kinderbettchen mit drei Seiten, das man direkt an das Elternbett montieren kann. Die Höhe des Bettchens ist verstellbar, so daß man im Prinzip eine Erweiterung des eigenen Bettes erhält. Ich hatte immer noch Angst, daß ich nachts im Schlaf auf Jake rollen könnte oder er unter der Decke erstickte. Und da war dieses Bett neben dem Bett die perfekte Lösung. Jake war in meiner Nähe, ich konnte ihn jederzeit berühren, und doch lag er sicher in seiner eigenen Umgebung, mit eigener Bettwäsche.

Eines Morgens rief mich Joyce Epstein von der Stiftung an. Sie erzählte mir von einer Pressekonferenz zum Thema gemeinsames Schlafen, die die Stiftung organisierte, und bat mich teilzunehmen. Die Stiftung riet Müttern ausdrücklich ab, mit ihren Babys in einem Bett zu schlafen. Ich zögerte. Wie konnte ich anderen Müttern von etwas abraten, was ich selber praktizierte und genoß? War es wirklich falsch, mit seinem eigenen Baby in einem Bett zu schlafen? Ich erfand eine Ausrede und sagte ab.

Eines Nachts, als Jake ungefähr elf Monate alt war, erwachte ich voller Panik. Sein Monitor hatte Alarm ausgelöst und piepste laut, das rote Licht blinkte. Ich beugte mich zu ihm. Er machte ein erschrecktes Gesicht, dann fing er an zu weinen. Ich schaltete das Licht an und beobachtete ihn ganz genau. Nachdem er sich beruhigt hatte, schien wieder alles in Ordnung zu sein. Mein Herz schlug noch immer bis zum Hals. Aber vielleicht hatte Jake einfach nur ein bißchen zu lange den Atem angehalten. Der Monitor war so programmiert, daß er Alarm auslöste, sobald er zwanzig Sekunden lang keine Atembewegungen registrierte. Ich befestigte den Sensor erneut an Jakes Brust, und wir schliefen beide wieder ein.

Eine Stunde später geschah das gleiche noch einmal. Und eine Stunde danach ebenfalls. Und dann wieder. In dieser Nacht gab der Monitor fünfmal Alarm. Ich war sehr besorgt. Hatte Jake trotz seines reiferen Alters Probleme mit der Atmung? Wäre er jedesmal gestorben, wenn uns der Monitor nicht alarmiert hätte? Oder fing der Monitor an zu spinnen?

Ich rief unsere Kinderärztin an. Dann ging ich wie immer zur Arbeit, nachdem ich Alex genaue Anweisung gegeben hatte, Jake nicht aus den Augen zu lassen und den Monitor diesmal auch für seinen Vormittagsschlaf einzuschalten. Nach meiner Arbeit traf ich mich mit Alex, Jake und dem Monitor bei der Kinderärztin. Sie untersuchte Jake genau. Er war vollkommen in Ordnung, genaugenommen war er gesund wie ein Fisch im Wasser.

»Wenn Sie möchten, kann ich ihn zur Überwachung in die Klinik überweisen ... aber ihm scheint nichts zu fehlen. Es könnte am Monitor liegen. Wir sollten ihn kontrollieren lassen, in der Zwischenzeit stelle ich Ihnen einen nagelneuen zur Verfügung ...«

Also versuchten wir es noch einmal. Aber in dieser Nacht wiederholte sich das ganze wieder, der Alarm piepste sechs- oder siebenmal. In der dritten Nacht blieb ich wach, um genau zu beobachten, was passierte. Auch diesmal wurde der Alarm ausgelöst. Aber Jake schien ganz normal zu atmen.

Ich rief Peter Fleming in Bristol an. Er konnte meine Anspannung durch das Telefon spüren. »Möchten Sie ihn zur Kontrolle herbringen?« fragte er.

»Eigentlich nicht. Noch nicht jedenfalls. Aber ich wüßte gerne, warum der Alarm so oft ertönt ...« Der Plötzliche Kindstod war immer noch möglich. Auch mit elf Monaten.

»Wenn Sie herkommen können, leihe ich Ihnen ein Klinikgerät, einen sogenannten Oxymeter. Damit können Sie wenigstens überprüfen, ob Jakes Sauerstoffsättigung in Ordnung ist.«

Also fuhr ich an diesem Nachmittag nach Bristol und ließ mir erklären, wie man das Gerät bei einem elf Monate alten Baby benutzte. Ich mußte warten, bis Jake schlief, und dann einen Sensor an seinem dicken Zeh befestigen. Ein rotes Licht schimmerte durch seine Haut und maß den Sauerstoffgehalt seines Bluts. Ich hatte so ein Ding schon einmal gesehen, damals als Supi auf der Intensivstation lag.

Gleichzeitig wurde Jake auch an seinen Atemmonitor angeschlossen. Jetzt blinkten und flackerten so viele Geräte in unserem Schlafzimmer, daß es wie eine

Intensivstation aussah. Ich blieb die ganze Nacht wach und beobachtete Jake, der tief und fest schlief und nichts von den Sorgen ahnte, die er uns bereitete. Gegen zwei Uhr morgens piepste der Monitor. Hastig untersuchte ich Jake. Er atmete normal. Ich sah auf den Oxymeter. Die Sauerstoffwerte waren auch in Ordnung. *Ich* atmete wieder. Das gleiche wiederholte sich in dieser Nacht noch viermal. Am nächsten Morgen fuhr ich zur Arbeit, beruhigt, weil Jake trotz des Alarms normal zu atmen schien.

»Es hört sich so an, als ob er ganz einfach zu alt wäre für einen Monitor«, mutmaßte Mark Porter, unser Fernseharzt. »Vielleicht solltet ihr allmählich darauf verzichten. Ich weiß, daß euch das schwerfällt, aber irgendwann müßt ihr das tun.«

Und genau das riet uns auch Peter Fleming. »Bei solchen Gelegenheiten sagen wir immer, daß das Zusammenspiel zwischen Monitor und Baby nicht mehr funktioniert ...«

Mike und ich nahmen also unseren ganzen Mut zusammen und entfernten den Monitor. Ich glaube, er war sehr froh darüber, und wir haben es nie bereut. Es gab häufig Momente, vor allem abends, dann kuschelten Jake und ich, und ich erzählte ihm von seinem Bruder, den er nie kennengelernt hatte. Dabei sah er mich jedesmal mit wissenden Augen an, die mich staunen ließen. Kannte er Supi doch? Waren sie vielleicht an diesem Ort, den man Himmel nannte, zusammengestoßen, als Seelen, die sich auf ihr Karma vorbereiteten? Oder ging meine Phantasie mit mir durch, in der endlosen Suche nach Seelenfrieden?

Eines war jedenfalls sicher: Jake war ein absolutes Wunder. Er war nie, nicht eine Sekunde lang, der

Ersatz für ein anderes Kind. Von seinem ersten Schrei an entwickelte er eine sehr starke eigene Persönlichkeit. Er hat uns geholfen, alle emotionalen Hürden zu überwinden, die uns noch im Weg standen, und dafür werde ich ihm ewig dankbar sein. Wenn Supi überlebt hätte, hätten wir wahrscheinlich nicht noch ein Baby bekommen, unseren kleinen Jakob. Wir betrachten auch ihn als Geschenk, nicht nur von Gott, sondern auch von Sebastian.

Inzwischen haben wir noch ein Geschenk oder besser gesagt eine Überraschungszugabe, unseren kleinen Conor. Ein weiteres kleines Wunder, der im Moment genauso aussieht wie sein toter Bruder. Aber zweifellos wird auch er sich auf seine Weise entfalten und eines Tages ein ganz eigener Mann sein. Wir sind sehr glücklich. Vor einiger Zeit kam Oliver zu mir und strich über meinen Bauch. »Wie viele Babys hast du da eigentlich noch drin?« fragte er, als überfordere ihn die Verantwortung, der große Bruder für so eine große Mannschaft zu sein. Ich glaube, das war's, Ollie. Ich werde dir alles genau erzählen, wenn du ein bißchen größer bist.

Sechs Monate nach Beginn der Kindstod-Kampagne war die Todesrate in Großbritannien um die Hälfte gesunken. In einfachen Worten bedeutet dies, daß 500 Babys *nicht* starben, die vorher gestorben wären. Und das nur in den ersten sechs Monaten. Nach einem Jahr waren die Todesfälle um insgesamt 69 Prozent zurückgegangen. Und sie sinken weiter. Immer mehr Babys wachen morgens gesund und munter auf.

Nachdem die Botschaft sich in Großbritannien einmal verbreitet hatte, muß sie quasi über Nacht

Leben gerettet haben. Und als das Gesundheitsministerium eine Untersuchung in Auftrag gab, um herauszufinden, wie die Resonanz auf die neuen Richtlinien war, stellte man fest, daß 87 Prozent sie aus dem Fernsehen erfahren hatten. Danach bereitete es mir nicht mehr so ein schlechtes Gewissen, daß ich mit der Faust auf Frau Bottomleys Schreibtisch geschlagen hatte.

Ein Jahr später sah ich sie im Fernsehen. Sie sprach über eine Aufklärungskampagne zur Masernimpfung, die sie ins Leben rufen wollte und die genausogut sein mußte wie die Kindstod-Kampagne. »Die Kampagne zum Plötzlichen Kindstod war die erfolgreichste Aufklärungskampagne, die wir im britischen Gesundheitswesen je hatten«, verkündete sie stolz.

Das befriedigte mich natürlich. Aber was war mit den verschenkten Leben? Mein Sebastian war ja nicht das einzige Baby, das nicht hätte sterben müssen. Am selben Tag wie Supi starben vier weitere Babys. Am nächsten Tag waren es wieder vier, und am nächsten, und am nächsten – es waren allein in jenem Jahr 2.000. Und während dieser ganzen Zeit hätten wir etwas tun können, um beinahe zwei Drittel davon zu retten.

Im ganzen Land gibt es Mütter und Väter, deren Herzen wegen ihres toten Babys zerbrochen sind. Ich weiß es, denn viele von ihnen haben mir geschrieben. Eine von ihnen ist eine Rechtsanwältin aus Mortlake, London. Sie schlug mir vor, die Regierung zu verklagen. Eine andere ist Politikerin. Sie schrieb mir, sie fühle sich so desillusioniert über ihren Beruf, daß sie es kaum noch ertragen könne. Manchmal bin ich stark genug, die Schultern zu zucken und mich dazu zu ermuntern, nicht voller Bitterkeit zurückzuschauen. Zu anderen Zeiten vermisse ich Sebastian so sehr, daß ich sofort jemand verklagen würde, wenn ich nur wüßte, daß es etwas nützen würde.

Man nimmt an, daß der Trend, Babys auf den Bauch zu legen, aus den USA stammt. Amerikanische Ärzte begannen als erste, winzige Frühgeborene am Leben zu erhalten, und in amerikanischen Krankenhäusern entstanden die ersten Intensivstationen für Neugeborene. Die Ärzte stellten fest, daß Frühgeborene auf dem Bauch besonders gute Fortschritte machten, deshalb wurde die Bauchlage zu einem wichtigen Bestandteil der Frühgeborenentherapie. In der Tat wurde das daumenlutschende Baby, das auf dem Bauch liegt, zum Inbegriff des gesunden, zufriedenen Babys.

Irgendwie, irgendwo, irgend jemand kam dann auf die Idee, dieses Prinzip auch auf normale, reife Babys zu übertragen. Und das war offensichtlich ein Fehler. Natürlich ist die Bauchlage für die große Mehrheit der Babys völlig sicher. Oliver und Jamie haben auf dem Bauch geschlafen und überlebt. Aber für manche Babys ist es äußerst gefährlich, denn es macht sie anfällig für den Plötzlichen Kindstod. Und das Problem ist, daß niemand vorhersagen kann, um welche Babys es sich handelt.

Jetzt wird die Welt auf den Kopf gestellt. Überall auf der Erde starten Regierungen Kindstod-Kampagnen. Wir hätten Dr. Peter Fleming beinahe an die Kanadier verloren, so groß war ihr Engagement, Leben zu retten. Er hatte den Kanadiern bei der Vorbereitung ihrer Kampagne geholfen, die den Titel ›Sweet Dreams‹ trug. Anschließend hatten sie ihm einen Lehrstuhl an der Universität von Toronto angeboten.

Nur ein Stipendium der Diamond-Kampagne zugunsten der Kindstod-Forschung konnte ihn in Großbritannien halten, wo er seine Forschungen über den Plötzlichen Kindstod fortsetzt und sich bemüht, weitere Leben zu retten.

Jede Mutter und jeder Vater in jedem Teil der Welt verehrt den Arzt, der ihr Baby vor dem Tod bewahrt hat. Peter Fleming hat mein Baby nicht vor dem Tod bewahrt, aber er hätte es getan, wenn wir ihn gekannt hätten. Eines ist sicher: Er hat unzähligen Babys das Leben gerettet und dafür nie ein Dankesschreiben erhalten. Denn die Mütter und Väter, denen die Tragödie des Plötzlichen Kindstods erspart blieb, wissen es nicht einmal. In ihrem Namen möchte ich unseren Dank aussprechen, Peter. Und unser Dank geht auch an Shirley Tonkin und Ed Mitchell und all die anderen mutigen Menschen in diesem Land und anderswo, die sich gefragt haben, warum ihr Baby sterben mußte – und was noch wichtiger ist, wie man weitere Todesfälle verhindern kann.

Im St.-Michael-Krankenhaus in Bristol ist ein kleiner Raum mit einem breiten Bett, vielen Kabeln, die zu Monitoren führen, und einer Infrarot-Kamera ausgestattet. In dem Bett liegt eine junge Mutter mit ihrem neugeborenen Baby unter die Decke gekuschelt. Sie schlafen beide fest und geben sich ganz diesem besonderen Gefühl der Nähe der ersten Tage hin. Aber sie werden überwacht, ihre Herzrhythmen, die Sauerstoffsättigung ihres Bluts, die Körpertemperatur, die Hirnströme und alle möglichen anderen Körperfunktionen werden sorgfältig kontrolliert, gemessen und aufgezeichnet. Die beiden sind die jüngsten Kandidaten des ›Sebastian-Diamond-Mutter-und-Kind-Schlaflaboratoriums‹. Ein großer Name für so einen kleinen Raum, in dem die Interaktionen zwischen Mutter und Kind untersucht werden, wenn sie gemeinsam in einem Bett schlafen. Diese Untersuchung ist Teil der weiteren Erforschung der Ursachen für den Plötzlichen Kindstod.

Als ich das Schild an der Tür zum erstenmal las, mußte ich nach Peter Flemings Arm greifen, um mich zu stützen. Ich hatte Supis Namen nie irgendwo auf einem Schild geschrieben gesehen, obwohl er inzwischen alt genug wäre, um seinen Namen selbst zu schreiben. Ich bin sehr stolz auf dich Supi, habe ich gedacht.

Am nächsten Tag fragte ich meine beiden großen Söhne, ob sie sich wirklich noch an Supi erinnern könnten.

»Oh ja«, antwortete Oliver. »Wir haben immer Augenbrauen mit ihm gespielt ...«

Das war etwas, was ich tatsächlich vergessen hatte. Oh Gott. Es gab etwas von ihm, was ich vergessen hatte. Wie konnte ich nur etwas von ihm vergessen? Tatsächlich hatte er immer in seiner Wippe mitten im Spielzimmer gesessen und seine Brüder mit hochgezogenen Augenbrauen beobachtet. Sie zogen dann auch ihre Augenbrauen hoch und schnitten Gesichter, woraufhin Supi jedesmal in fröhliches Gurgeln ausgebrochen war.

»Mami«, wollte Jamie wissen, »ist Supi immer noch ein Baby, oder wird er die ganze Zeit älter, so wie wir?«

Ich sagte Jamie die volle Wahrheit. »Ich fürchte, das weiß ich nicht. Niemand weiß das.« Und dann drehte ich die Frage herum. »Was meinst du denn?«

»Ich glaube, er ist noch ein Baby, denn dann kann er mit dem Jesusbaby spielen.«

»Das ist doch Blödsinn«, mischte Oliver sich ein. »Jesus ist kein Baby. Er ist ein Mann, denn die Römer haben ihn gekreuzigt ...«

In letzter Zeit führen wir häufiger solche tiefsinnigen, philosophischen Diskussionen. Zum Beispiel, warum Supi kein fossiles Skelett hinterlassen hat wie die Dinosaurier. Jede dieser Fragen erfordert eine sehr ausführliche und schwierige, aber immer ehrliche Erklärung!

Wir machten noch einmal Ferien auf Zypern – aber alles war anders geworden. Die kleine Taverne in dem Bergdorf war verschwunden, und die Jungen langweilten sich am Swimmingpool. Ich packte meine Ferienkleidung aus, die Sachen, die man nur im Urlaub trägt. Und in der Tasche meines Strandkleids fand ich ein Babysöckchen. Es war von Supi.

Ich hielt es an mein Gesicht und atmete tief ein. Es roch nach ihm. Ich vergrub mein Gesicht darin und weinte, bis sich der süße Babyduft für immer verloren hatte.

Schluß

Um Olivers Frage zu beantworten, ob wir die Ursache für den Plötzlichen Kindstod gefunden hätten: Ja, das haben wir. Zumindest zu einem großen Teil.

Der Plötzliche Kindstod ist, wie die Experten sagen, von vielen Faktoren abhängig, hat viele Ursachen, von denen manche bekannt sind und andere nicht. Ich denke, es ist alles eine Sache des Gleichgewichts. Unsere Babys machen zwar einen robusten Eindruck, aber ihr Leben ist Tag und Nacht verschiedenen Einflüssen ausgesetzt, die sowohl für als auch gegen sie arbeiten. Bei den meisten Babys neigt sich die Waagschale glücklicherweise zu ihren Gunsten. Aber bei Babys wie Sebastian richten sich unvorhergesehene Gefahren, deren wir uns gerade erst bewußt werden, gegen sie. Eine zuviel, und das Gleichgewicht gerät aus den Fugen.

Sebastian war ein kleiner Junge und gehörte somit physiologisch dem schwächeren Geschlecht an. Darüber hinaus war er zu früh geboren und hatte Schwierigkeiten mit seiner Atmung. Er hatte leichte Gesundheitsprobleme, die Sache mit dem geschwollenen Hoden zum Beispiel und dem Ausschlag im Mund. Isoliert gesehen, war beides sicher völlig unbedeutend, aber verrieten sie im gemeinsamen Auftreten eine Schwäche seines Körpers? Sebastian war damals vier Monate alt, ein Alter, in dem alle möglichen physiologischen Veränderungen stattfinden. Es war eine heiße Nacht gewesen, er war allein im Zimmer, er lag auf einem Lammfell und er schlief auf dem Bauch. Inzwischen weiß ich, daß wir Windpockenviren im Haus hatten. Könnte diese Infektion so wie bei meinen anderen Kindern zu einem plötzlichen Ansteigen der Körpertemperatur geführt haben? Wäre einer dieser Faktoren nicht aufgetreten, hätte Supi diese Nacht vielleicht überstanden.

Immer mehr scheint darauf hinzuweisen, daß der Plötzliche Kindstod etwas mit der Unfähigkeit eines Babys zu tun hat, seine Körpertemperatur zu regulieren. Und deshalb ist die Schlafhaltung so wichtig. Liegt das Baby mit dem Gesicht nach unten, ist ein großer Teil der Oberfläche bedeckt, über die das Kind sonst Körperwärme abgeben kann. Was immer in jener Nacht gegen Supi arbeitete, ich bin mir sicher, daß er eine Chance gehabt hätte, wenn man ihn auf den Rücken gedreht hätte. Wahrscheinlich hätte das die Waage wieder zu seinen Gunsten austariert.

Jetzt, wo ich das weiß, und nach allem, was ich im Schlaflabor in Bristol erfahren habe, würde ich ohnehin nie wieder ein Baby in diesem Alter die ganze Nacht allein lassen. Dr. Fleming und sein Team beobachteten die Interaktion zwischen Mutter und Kind im Schlaf. In der ersten Nacht schliefen Mutter und Kind so wie zu Hause, entweder zusammen in einem Bett oder getrennt. In der folgenden Nacht machten sie es dann umgekehrt, und in der dritten Nacht kehrten sie zu ihrer gewohnten Praxis zurück.

Diese eine Mutter und ihr Baby waren zum erstenmal im Schlaflabor – und sie schliefen gemeinsam in einem Bett, wie sie es gewohnt waren. Die Mutter lag auf der Seite, das Baby in ihre Armbeuge gekuschelt. Ihre Gesichter waren nur wenige Zentimeter voneinander entfernt, so daß ich Angst hatte, sie könnten sich zu nahe kommen. Eine falsche Bewegung, dachte ich, und die Mutter liegt auf ihrem Baby. Aber das passierte nicht. Was statt dessen passierte, war für mich wie eine Offenbarung und eine Bestätigung, daß die Natur alles perfekt einrichtet.

In dieser Nacht bewegten Mutter und Baby sich viele Male im Schlaf, manchmal nur einer von beiden, manchmal waren die Bewegungen völlig synchron. Irgendwann, mitten in einer Tiefschlafphase von beiden, wurde das Baby unruhig und gab ein mausähnliches dünnes Quieken von sich, das mit menschlichem Ohr kaum wahrzunehmen war. Im Unterbewußtsein strich die Mutter dem Kind über den Kopf, ordnete das Bettzeug um es herum neu und beruhigte es, dann verfiel sie wieder in Regungslosigkeit. Während der ganzen Zeit war sie nicht aufgewacht. Es war ein flüchtiger Moment von Zärtlichkeit, und zugleich war es weit mehr als das. Denn als wir uns die Aufzeichnungen ansahen, stellten wir fest, daß alle diese Bewegungen etwas zu bedeuten gehabt hatten.

Als das Baby unruhig wurde und quiekte, war die Temperatur seiner Haut höher gewesen als die seines Körperinneren. Das hieß, daß das Baby zu warm wurde. Als die Mutter das Geräusch vernahm, reagierte sie. Und obwohl sie schlief, erkannte sie instinktiv, was ihr Baby brauchte, richtete die Bettdecke, und die Temperatur des Babys regulierte sich wieder. Als die Mutter am nächsten Morgen befragt wurde, wußte sie nichts von diesem Vorfall. Es war alles eine Sache des Instinkts gewesen.

Wir leben in einer Gesellschaft, in der es nicht immer möglich oder wünschenswert ist, mit einem Baby in einem Bett zu schlafen. Aber wir müssen begreifen, auf was wir verzichten, wenn wir uns dagegen entscheiden.

Eines wissen wir heute sicher: Man sollte nicht mit seinem Baby in einem Bett schlafen, wenn man selbst oder der Partner geraucht oder Alkohol zu sich genommen hat. Bei einer Mutter unter Drogen funktioniert der Instinkt, der verhindert, daß sie ihr Baby im Schlaf erdrückt, oft nicht mehr zuverlässig. Außerdem atmet ein Elternteil, das geraucht hat, bis zu vier Stunden nach der letzten Zigarette toxische Gase aus, die für das Baby gefährlich werden können. Neben der Schlafposition ist Rauchen die häufigste Einzelursache für einen Plötzlichen Kindstod. Alle Studien weltweit zeigen, daß die Kindstodrate sinken würde, wenn Eltern nicht mehr rauchten.

Was das Stillen angeht, so haben die Neuseeländer festgestellt, daß es hilft, den Kindstod zu verhindern. Deshalb haben sie es in ihren Ratschlagkatalog einbezogen. Die Briten hingegen sind der Meinung, daß Muttermilch immer das beste für ein Baby ist, beim Plötzlichen Kindstod aber keine Rolle spielt. Ich war sehr erleichtert, als ich das hörte. Auch zwischen der Matratze und dem Plötzlichen Kindstod konnte letztlich kein ursächlicher Zusammenhang nachgewiesen werden.

Was die Überwachungsmonitore angeht, so stimmen Fachleute überein, daß ›Atmungsmonitore keine Leben retten können‹. Ich weiß nicht, ob das stimmt oder nur verhindert werden soll, daß alle jungen Eltern nach einem solch teuren Gerät verlangen. Ich benutze nur einen, weil mein Baby starb, aber ich weiß auch, wie sehr sie einen tyrannisieren können. Ich bin versucht zu behaupten, daß wir mit unseren neuen Richtlinien keine Monitore mehr brauchen. Aber ich habe nicht den Mut, meinen zurückzugeben.

Noch immer verlieren wir Babys durch den Plötzlichen Kindstod. Jede Woche gehen zehn Familien durch dieselbe Hölle, die auch wir ertragen mußten. Und sicher gibt es noch immer Eltern, die den Rat nicht befolgen. Deshalb bin ich der Meinung, daß man die Kampagne jedes Jahr wiederholen sollte. Mit Sicherheit würde die Todesrate dann noch weiter sinken.

Für den Fall, daß jemand dazu weitere Beweise verlangt, möchte ich an dieser Stelle noch einmal auf Avon hinweisen. Während des Höhepunkts der nationalen Kampagne registrierte man dort eine 15monatige Periode ohne *einen einzigen Fall von Plötzlichem Kindstod! Nicht einen! Seither hat keine Nichtraucher-Familie mehr ein Kind verloren. Und das sind Fakten – keine Meinungen.*

Natürlich ereignen sich Fälle von Plötzlichem Kindstod weiterhin auch in Nichtraucher-Familien. Aber inzwischen können wir solche Todesfälle viel besser erklären. In der Regel läßt sich heute feststellen, welche Faktoren sich gegen das Baby verschworen und sein physiologisches Gleichgewicht gestört haben. Manchmal ist es klar, daß das Kind Atemprobleme hatte, zu früh geboren wurde, auf den Bauch gerollt war, eine plötzliche Infektion bekommen hatte oder daß mehrere Probleme gleichzeitig auftraten. Wir wissen jetzt, daß erhöhte Aufmerksamkeit die Chancen gefährdeter Kinder verbessert.

Ich ärgere mich über die Leute, die mir vorwerfen, meine Bemühungen um den Plötzlichen Kindstod hätten dazu geführt, daß junge Eltern sich nicht mehr unbeschwert über ihre Babys freuen könnten. Mütter und Väter fürchten sich ohnehin vor dem Plötzlichen Kindstod und verlangen nach Informationen darüber.

Und jetzt gibt es zum erstenmal etwas, was wir Eltern dagegen tun können. Wir können den Killer besiegen und uns um so mehr über unsere Babys freuen.

Band 61369

Nina Herrmann

Ich habe nicht umsonst geweint

Während ihres Theologiestudiums arbeitet Nina Herrmann als Krankenhausseelsorgerin auf einer neurochirurgischen Kinderstation. Es ist keine einfache Aufgabe, die sie sich für ihr Praktikum ausgesucht hat, denn sie muß schwerkranke Kinder aufmuntern und gramgebeugte Eltern trösten. Während sie Ärzte und Schwestern bei ihrem – oft aussichtslosen – Kampf gegen Krankheit und Tod beobachtet, beginnt sie, an Gott und ihrem Glauben zu zweifeln.

Doch inmitten dieser Welt von Schmerz und Leid begegnet sie einem ganz besonderen Menschen: Riann, einem wunderschönen neunjährigen Mädchen mit einem inoperablen Tumor im Kopf, das weiß, daß es bald sterben muß. Erst durch den Kontakt mit Riann lernt Nina, sich intensiv mit Krankheit, Tod und Trauer auseinanderzusetzen – und ihre Berufung zur Pfarrerin anzunehmen.

BASTEI LÜBBE

Band 61380

Adriana Rocha / Kristi Jorde

Aus der Stille der Ewigkeit

Lange Jahre hat Kristi keine Möglichkeit, zu ihrer kleinen Tochter durchzudringen, denn Adriana kann zwar hören und brabbeln, erlernt aber nie das Sprechen. Adri ist Autistin. Doch Kristi gibt die Hoffnung nicht auf: Als sie im Frühjahr 1991 von der »gestützen Kommunikation« hört, probiert sie diese neue Technik trotz aller Skepsis aus.
Und plötzlich wird alles anders, denn diese Schreibhilfe ermöglicht es Adri, sich ihren Mitmenschen mitzuteilen. Zunächst ist Kristi vor allem davon begeistert, daß ihre Tochter sich als äußerst intelligent erweist - doch dann erscheinen auf dem Bildschirm atemberaubende, unglaubliche Mitteilungen. Für Kristi beginnt eine Zeit, in der ihr bisherigen Weltbild völlig auf den Kopf gestellt wird...

BASTEI LÜBBE